# 守護神を持て

## みんなの幸せのために

阿含宗管長
桐山靖雄

平河出版社

阿含宗朔日縁起宝生護摩にて法話を行う著者
[2005年1月1日／阿含宗本山釈迦山大菩提寺にて]
口絵撮影＝垂見健吾

阿含宗冥徳霊場を正面から望む
［京都市山科区北花山］

阿含宗冥徳霊場の全景

神棚に祀られたお社

# はじめに――いまなぜ守護神か

昔の日本人はみな、神棚を毎朝拝んでいた。しかし、現在は神棚のある家は少ない。家に神棚がないということは、精神の核がないことにほかならない。仏壇はあっても神棚のない家が多い。家に神棚を祀るという点から、日本人の精神生活を変えなければならないのである。

妙法院門跡の菅原信海師は、平成十六年十一月十六日付の「中外日報」で、「京都を中心にして、神仏習合の行事が復活し始めている。このような現象を、ただ明治以前の神仏習合へ回帰する行事としてとらえるのではなく、日本の宗教史・文化史の上で、失われた宗教心や文化をとりもどすための大きな原動力になって欲しいと思っている。明治の神仏分離によって、失われたのは貴重な文化財ばかりではない。とりかえしのつかないのは、日本人として祖先から受け継いだ宗教心も失われてしまったことである」

と言われている。

日本人の再生とは、祖先から受け継いだ神性と霊性の再生にほかならない。仏に向かい、神に向かって姿勢を正し、仏の心・神の心をわが心として生活していかねばならない。

最近の若者の堕落について、悲憤慷慨している声が多く聞かれるようになった。その声を聞いて、わたくしも同感した。

しかし、堕落した若者を大声で叱責しても、彼らは聞く耳を持たない。それよりも、親たちが姿勢を正すべきである。親が愚かならば、子どもも愚かになる。親がだらしなければ、子どももだらしなくなる。例外もあるけれども、だいたいはそのとおりである。しっかりした親、きちんとした家庭では、子どもがきちんと育つ。

わたくしは、いまの日本は三つの時代の霊障によって大きな影響を受けていると思うのである。

その三つの時代とは、

一、幕末維新のころの犠牲者による霊障

二、太平洋戦争による犠牲者の霊障

三、戦後大量に発生しつつある水子の霊による霊障

である。

ほとんどの日本人が、この三つの霊障のどれかを受けている。ということは、日本という国じたいが、この三つの霊障を受けているということになろう。

これらが、現在の若者の堕落という世相に、大きな影響を与えているのではないか。

子どもの堕落の元凶は親の堕落なのだから、子どもを叱責してもしかたがない。親たちから生活を改めるしかないのである。母親がきちんとし、父親が毅然とした態度でいれば、子どもたちもきちんと育つにちがいない。

では、親はどこから態度を改めるべきか？

宗教家のわたくしは、家に仏壇を祀ることはもちろん、神棚を祀って、毎朝家族がそろって神棚を拝み先祖を供養することから始めるべきだと思う。そこから、父親は威厳を取り戻し、子どもたちも父親の態度を見習い、しっかりとした生活をするようになる。そう、わたくしは考える。

そこで、わたくしは、先祖のお霊《みたま》を守護神としてお授けして、心の支えとなるようにし、また、守護神に自分の子孫を守るという力を発揮していただいて、一家を繁栄させていただけるようにした。先祖の神が、子孫の子どもたちをりっぱに仕上げてくださるのである。だからこそ、わたくしは法力を振るって、先祖のお霊を守護神に高め、お社《みやしろ》に祀り込んで、皆さんにお授けするのだ。

子どもを案じない親などいない。意識・無意識に関係なく、親は常に子どもを心配し、その幸福を念じている。わたくしがお授けする守護神は、皆さんの先祖である。先祖は子孫にとっては親であるから、親心を持ち、自分の子孫の繁栄と幸福を純粋に念じているのである。

また、子孫であるわたくしたちから見れば、先祖は懐かしい存在である。親を通じて先祖がある。子どもは親を敬い、親を愛する。その心の延長が、先祖に対する気持ちなのだ。だから、人は先祖に対して、心から額《ぬか》ずいて手を合わせることができるのである。

「お父さん、お母さん、守ってください。ご先祖さま、どうぞ私をお守りください。

いま、苦しんでいるこの問題をなんとか解決してください」

と、純粋にお願いできるのである。

先祖が子孫を思う気持ちと、子孫が先祖を慕う気持ちが一体になって、その家は栄えていくのである。災難も不幸もなく、繁栄への道を歩いていくのである。

現在の世相は不安定で、明日なにが起きるかわからない。大地震、テロと、なにが起こっても不思議ではない。大津波に遭う可能性だってある。

その不安定な世の中で安心して暮らすには、なんらかのよりどころが必要だ。そのよりどころが守護神なのである。わたくしは、法力の限りを尽くして、皆さんのよりどころとなる守護神を生み出す。一家全員が先祖のお力に頼る。これが一番である。

近年、神仏習合の古儀が復活しつつあるという。仏、神が相助け合う、仏神をともに祀るということが、日本の霊性の復活につながるのである。

阿含宗では、一九九三年十月二十四日に「伊勢神宮第六十一回式年遷宮奉祝・神仏両界大柴燈護摩供」で、初めて神仏両界の法要を営み、翌年に奉修したわが教団最大の行事である「阿《あ》含《ごん》の星まつり」を「神仏両界大柴燈護摩供」として営んだ。神界仏界二つの護摩壇を築いて神仏の冥助をいただけるようになった。毎年二月十一日に厳修する「阿含の星まつり」には、五十万人近い参拝者があり、いまでは、京の冬の年中行事として定着している。この星まつりで願っているように、仏神の冥助があってこそ、日々の平安は得られる。

かつて日本には、仏神がともに祀られ崇敬されてきた時代が、幕末までおよそ、一一〇〇年ほど続いてきた。これが日本の霊性・宗教心を育んできたといえる。しかし、明治維新により、神仏は分離され、先祖より受け継いだ宗教心も希薄なものになってきている。

近年、家族の崩壊、若者の倫理・道徳から大きく逸脱した行動が指摘されてから久しい。これらの要因の一つに、神棚を祀る家が少なくなったように、宗教的伝統文化の断絶があげられよう。

では、ただ伝統を復活させればよいのか、といえばそうではない。新たな時代の問題に対処するには、新たな霊格の出現を必要とする。

わたくしは、望む人に先祖のお霊を守護神としてお授けして、心の支えとなるようにしたのである。

# 守護神を持て

守護神を持て　目次


はじめに● いまなぜ守護神か……1

プロローグ● 守護神のさまざま……15

守り神は霊験あらたか……15

おキツネさまのお告げ……17

飯綱術師Tの提案……21

さわらぬ神にたたりなし……25

第一章● 神仏両界縁起——守護神授与までの道程……31

神人《しんじん》・小泉太志命《こいずみふとしのみこと》……33

伊勢の生き神さま……33
神の鎮まる部屋……36
不思議な夢……38
素戔嗚命《すさのおのみこと》……42
神界・仏界からの詔勅くだる……48
ひがしの国に聖地をつくれ……49
神と仏への誓い……55
新しきサヘート・マヘートの完成へ……62
第二章◉守護神を持て……67
守護霊・守護神の実相……69
神(道)界の神霊と仏界の神霊……73

神（道）界の神霊……74
仏界の神霊……79
祖霊を守護霊・守護神にする……81
仏陀の成仏法……87
守護霊から守護神へ――二十一世紀の新しい宗教形態……96
チベット仏教――お霊《みたま》遷しの法……100
古代神法――息吹《いぶ》き永世《ながよ》の法……106
守護神のお力とは……111
日々是好日《にちにちこれこうじつ》……111
生きる力を与えた声……113
幸せをまねく守護神……118
守護神をお祀りする心がまえ……123

秘伝・守護神行法……125
第三章◉死後の世界……129
霊魂とはなにか……133
死後の世界……142
阿鼻野街道……142
サイの広場……148
冥徳霊場……157
おわりに……165

## プロローグ

# 守護神のさまざま

### 守り神は霊験あらたか

この世の中には、さまざまな守護神がいらっしゃるのである。

その中には、恐ろしいほど霊験のある守護神さまがいらっしゃるし、また、てんから役に立たない守護神さまもいらっしゃる。

わたくしが、まだ若い修行者だったころ、こういう経験をしたことがある。

道場で若い修行者たちが集まって、雑談を交わしているうち、Tという先輩格の男が、なにを思ったか、突然、こういうことを言い出した。

「君たち、なんといっても、守り神は、飯綱《いづな》権現の右に出るものはないぞ」

Tという男は、天才肌の男で、時々、突拍子《とっぴょうし》もないことを言い出したり、予想もつかない話をしたりして人を煙《けむ》に巻くことがあり、ただ才気走ったところがあるので、みんなから敬遠されている男であった。一同は、さあ始まったぞといわんばかりの顔で黙って顔を見合わせているので、わたくしがしようがなく、

「そうですか、それは、どんな霊験があるんですか」

と受けたのだった。

「そうだな。まず、株の上がり下がりから米相場の予想をはじめ、人間の病気、災難その他、人事百般、どんなことでも教えてくれるんだ」

「へええ、それはずいぶん便利ですね」

「便利なんてものじゃないよ。恐ろしいくらいだ。たとえば、いま、こうして話しているだろう?　いま、この瞬間、君がなんと思っているかということをはじめ、君の身の上のことを一切、すべて教えてくれるんだ」

「へええ、ほんとうですか?」

「ほんとうさ。いま、君は、疑っているな。おれの言うことを、そんなことがあるもんかと思っている。それどころか、Tの言うことなんか、ほら話もいいとこだと馬鹿にしているな」

「いや、そんなことはない。先輩の貴重な話だと、謹んで承っておりますよ」

「それ、それが小馬鹿にしている証拠《しょうこ》だ。それじゃあ言うぞ、K、いいか、言っても」

「いいですよ、なにを言っても」

なにを言うか気味が悪かったが、仲間たちの手前、あとへは退けず、虚勢を張った。

**おキツネさまのお告げ**

「そうか、それじゃあ言う。K、おまえは、明後日、彼女と会うことになっているな」

「え？」

と思わず、わたくしは虚《きょ》を衝《つ》かれたように、息を呑んだ。そんなことは、だれも知らないはずの、わたくしの秘事だった。

「それで、有楽町で会おうか、新橋で会おうかと迷っているな。それだけじゃない。おまえは、この女にイヤ気《け》がさしている。どうやってうまく別れようかと考えている」

「え？」

「明後日、彼女は和服で来るぞ。赤い牡丹柄の着物で、母親の若いころの仕立て直しだ。褒めてやれ、喜ぶぞ。だが、おまえは別れたがっている。うん、そのほうがいいぞ。美人だし、頭もよいようだが、思ったほどじゃない。見栄《みえ》っぱりで金遣《かねづか》いが荒い。所帯持ちが悪くて手に負えんぞ。やめたほうがいい。だが、明後日、別れ話はいかん。こじれると手に負えなくなる。また、後日としておけ」

「ううむ」

とわたくしはうなった。赤い牡丹柄の和服は別として、実際にその通りだったのだ。

「円満に別れたかったら、おれの言う通りにしろ。勝気の女だから、やりそこなったら、一生、アダをするぞ。世間に顔向けできなくなるぞ。別れたかったら、おれに手を突いて頼め。いい方法を教えてやる」

「ど、どうしてそんなことが――」

「どうだ、みんな当たったろう？　その通りだろう？」

わたくしは、横目で周囲を見わたした。みんなニヤニヤ笑っている。

「そんなことはない。みんな当たったということはない。一部はその通りだ」

「はゝはゝはゝ。一部か全部か、調べてみればすぐわかることだ。が、まあいい。

一部ということにしておこう」

「――だが、どうしてそんなことがわかるんだ」

「みんな、おれの守護神さまが教えてくれるんだ。オキツネさまが教えてくれるんだ」

「オキツネさま？」

「そうだ。おれの守護神さまなんだ」

とTは言ったかと思うと、不意にぱっと正座をして手を突いた。平伏した。

「は、はい、わかりました。はい、すぐにそうします」

と言ったかと思うと、

「いま、神さまから叱られた。もう、なにも言わん」

と黙ってしまった。そしてソソクサと立ち上がって、部屋を出ていった。一同は呆気にとられて顔を見合わせた。

「Tは、キツネ使いなんだ」

とだれかが言い、みんなゾッとしたような顔をした。

## 飯綱術師Tの提案

その場はそれで終わったが、四、五日あと、道場の廊下でTに出会うと、Tから声をかけてきた。

「おい、どうだった？　彼女は」

「うむ、会ったよ」

「そうか、赤い大きな牡丹の花柄の着物を着てきたろう？」

「その通りだ」

「どうだ、参ったか？」

「参ったよ」

「今日は、いやに素直だな。どうだ、別れ話をしたか？」

それどころか、と思った瞬間、

「そうか、それどころではなかったか」

と浴びせられて、

「え？」

と声を呑んだ。

「そうだ、それでよいのだ。別れ話はまだ早い」

「どうして、そんなことがわかるんだ？」

「おれの守り神が全部教えてくれるんだ」

「ふうむ、驚いたな、全部、ぴったりだよ」

「そうだろう？　おまえにも、分けてやろうか。そりゃあ、霊験あらたかだぞ」

「クダギツネか？」

「え、おまえ知っているのか？」

「飯綱《いづな》の術といったら、クダギツネを祀ることくらい知っているさ」

「ふうむ、よく知っているな。特別に御眷属《ごけんぞく》を分けてやってもいいぞ」

「いや、要らん。おれは、キツネを祀って拝むなんて性に合わん」

「そんな粗末なことをいうと、バチが当たるぞ。そりゃあ、あらたかなんだからな」

「いくらあらたかでも、おれはキツネを拝む気はない」

「キツネじゃない。インド伝来の荼吉尼天《だきにてん》だ。無知なことを言うな。荼吉尼神だよ」

「なんだっていい。おれは拝む気はない」

「そうか、それじゃあいい。むりには勧めん。だが、どうだ。ひとつ相談があるんだ。どうだ、おれと組んで仕事をしないか」

「仕事？　仕事ってなんだ」

「おれは近く、宗教団体を始めようと考えているんだ。これだけ、予知力があれば、すぐに信者は集まってくる。だが、おれは、理論的なことは苦手《にがて》だ。おまえは、その点、頭がいい。理論構成はお手のものだ。どうだ、おれと組まないか。教《きよう》祖《そ》稼《か》業《ぎよう》もいいもんだぞ」

「そんなことは、おれは考えられん。断る」

「まあ、そう言わずに考えてみてくれ。おれとおまえが組んだら、天下無敵だよ。たちまち大教団の教祖だぞ」

「おキツネさまがそう言ったか？　ちょっとあてはずれだぞ。おれにはそういう気持ちはない。悪いけど、断る」

「そうか、いい話だと思うがな。まあ、考えておいてくれ」

こう言って、Tは離れていった。

たしかに、Ｔの予知力はずば抜けている。正直いって、わたくしも度胆《どぎも》を抜かれた。しかし、宗教は、当《あ》てものではない。いくら身の上をズバリ当てたからといって、人を驚かすことはできても、究極的に人を救済することはできない。そんなものは長続きしっこない。わたくしはそう思ったから、はっきりと断ったのだ。

## さわらぬ神にたたりなし

「お呼びですか？」

二、三日して、師のＭ師に呼ばれた。

とわたくしは師の前に手をつかえた。

「うむ、どうじゃ、Ｔのおキツネさまに翻弄《ほんろう》されおったらしいな」

師はニヤリと笑った。

「はい、もうお耳に入りましたか？」

「うむ、素人は、最初、度胆を抜かれるが、なあに、底の浅いものじゃ。飯綱の術といってな、キツネを祀るんじゃ。キツネがみんな教えてくれる。耳もとで囁《ささや》いてくれるという。だが、たかがキツネのことだから、日常茶飯事《にちじょうさはんじ》のことはわかるが、高いレベルのことはわからん。ためしに仏法の極意を聞いてごらん。なにも答えられん。だいたい、身の上のことをいくら当てても、それで人を救うことができるか。目先のことをいくら当てても、それだけのことじゃ。おまえが女のことで苦しんでいるということを当てても、それでおまえの苦しみが解決したか。また、別れるということにしても、相手の女の苦しみはどうなのか、宗教は当てものじゃないのじゃ」

「わかります。解脱しかありません」

「その通りじゃ。キツネを分けてやるなどと言われて迷うなよ」

「はい、はっきり断りました」

「よし、それでよいのじゃ。いずれ、Tは、どこかの教祖にでも納まるのじゃろうが、長続きせんな」

「しかし、よく当てますね。そんな法があるんですか？」

「うむ、飯綱の術といって、クダギツネを祀って拝むんじゃ」

「なんでもおキツネさまが教えてくれるんだそうですね」

「そういうことじゃ。クダギツネといって、細いクダの中に狐霊《これい》を祀って拝むんじゃ。人事百般、なんでも耳もとで囁いて教えてくれるということじゃ。しかし、お守《も》りがたいへんらしいぞ。毎日、米一升炊いて上げなければならぬ。ほかに銘酒一升、油揚げ百枚以上、お供えしなくちゃならん。費用もだいぶかかる。費用はまあ、株やなにかで儲けさせてくれるそうじゃから大事ないが、だんだん眷属《けんぞく》がふえてお供えがふえてくる。たまらなくなってお供えが少なくなると、怒ってアダをする。テキメンにバチを当てる。コッパミジンにされる。ご利益もバチもテキメンだというから恐ろしい」

「さわらぬ神にたたりなし、ですね」

「まさにその通りじゃ。気をつけろよ」

「はい、わかりました」

二、三年のち、Tは、新興宗教を立ち上げた。よく当たるという評判で、一時、たいへんな羽振《はぶ》りになったが、三年ともたずにつぶれてしまった。女性関係と金銭に関するスキャンダルが原因だという。M師の言った「動物霊を使っていると、物欲と獣性が強くなって失敗するなあ」というものだった。

――こういう体験をしているわたくしである。めったな神さまを守護神に推薦《すいせん》するはずがないだろう。

仏教界に在るわたくしが、突然、このような本を出すことは、唐突《とうとつ》の感がするるかも知れない。そうではないのである。

わたくしと神界の関係は、浅からざる因縁があるのである。深い因縁があって、わたくしは、かねてから、古代神法の勉強と修行をしているのである。

その因縁を、まずのべておこうと思う。

# 第一章

# 神仏両界縁起——守護神授与までの道程

# 神人《しんじん》・小泉太志命《こいずみふとしのみこと》

## 伊勢の生き神さま

わたくしと神界の浅からざる因縁——それは神人・小泉太志命との出会いから始まる。

この話は、古い信徒諸君なら何回も法話で耳にしているはずであるが、この本の発刊を機に、改めて本書に納めておこうと思う。

あれは『変身の原理』が刊行された翌年のことであるから、もう三十年以上も昔のことになる。

いまはもう亡くなられたが、当時、観音慈恵会（阿含宗の前身）の幹部であった照井愛子さんという人が、こういう話を持ってきた。

「伊勢の生き神さまと呼ばれている小泉先生という方が、先生の『変身の原理』を読んでたいへん感心され、お会いしたいとおっしゃっておられますが、お会いになりますか？」

わたくしは、即座にうなずいた。どういう方であるか知らないが、生き神さまといわれるほどの方ならば、会ってなにか得るところがあるだろうと思ったからである。

「お会いしてみたいですね。で、どういう方なんですか？　小泉先生という方は」

「お若いころは剣道の達人で、天覧試合にも選ばれて出たそうです。のち、神道に入って修行を積み、いろいろ不思議なお力を持たれるようになって、生き神さまと呼ばれるようになったのだそうです」

「おいくつですか？」

「たしか、去年、還暦を迎えられたとお聞きしています」

「ぜひ、お会いしたいものですね」

六歳のとき、藩の剣術指南番であった祖父に小さな木刀を持たされ、これが稽古《けいこ》はじめだと言って、持っていた大きな木刀でポンと頭を叩かれ、以来、病床に臥すまで、剣道に励んだ経歴を持つわたくしは、剣の名人と聞いて、特に親近感をおぼえたのである。

照井さんに案内されて、たそがれどきの近鉄線磯部駅に降り立ったのは、それから一カ月ほどのちの晩春、葉桜の季節であった。

駅を出ると、鬱蒼《うっそう》とした木立の中に、森厳《しんげん》の気に満ちた大きな神社があった。もう日の暮れなので、その場で遥拝《ようはい》をし、神社と道ひとつをはさんで向かい合う小泉先生のお宅に足を向けた。

小泉先生のお宅は、二階建ての宏壮な木造建築で、玄関に立つと、「小泉参剣道場」と雄渾《ゆうこん》な筆で書かれた看板がかかっていた。

小泉先生は、中肉中背であったが、剣術で鍛えた筋骨たくましく、さらに、眼光炯々《けいけい》として、まさに神人と呼ぶにふさわしい気品を放たれていた。若く美しい澄子夫人とともにわたくしを心から歓迎してくださった。

初めてお会いしたという感じがまったくなく、応接間で、修行談に話がはずんだ。それは、結構な晩餐《ばんさん》の間も続いた。気がつくと、だいぶ、夜も更けていた。

## 神の鎮まる部屋

「今夜は、桐山先生に、特別な部屋でおやすみいただきます。これまで、どんな方がおいでになられても、この部屋だけはお通ししたことがありません。それは、神さまの鎮まります部屋だからです。しかし、桐山先生は特別な方ですから、今夜はこの部屋に泊まっていただきます」

小泉先生はそうおっしゃった。

わたくしはびっくりして、

「それはとんでもないことです。そんな貴い部屋にやすむなど、困ります。わたくしは道場の片すみで結構です。そのほうが気楽ですから」

実際、神さまのいらっしゃる部屋などで眠れるものじゃないと思ったのである。一晩じゅう、正座して合掌していなければならない……。

「いや、どうしてもそこにお泊まりください」

と小泉先生はちょっと強い調子でおっしゃったので、そのお言葉に従うことにした。

通された二階のその部屋は、十五、六畳くらいの和室であったが、厚いじゅうたんが敷き詰められ、立派な玉《ぎょく》や、宝剣、神器などが奉安され、神々《こうごう》しい気に満ちていた。

## 不思議な夢

わたくしは、しばらく端座して、瞑想したのち、床に入った。間もなく眠気がさして、深い眠りに入ったようであった。

――ふと、目がさめた。

どこだろう?

あたりを見わたすと、わたくしは、天井の高い、板敷きの剣術道場のような部屋に座っているのであった。広さは二百坪くらいであろうか、一段高い上段の間《ま》に、わたくしは一人、小さな箱のようなものに腰をおろしているのであった。

どこだろう?

と再び思う間もなく、部屋の両側の戸がさっと開いて、たくさんの人たちが入ってきた。一列に入ってくる。

右の戸口から男性、左の戸口から女性である。みな、神代時代の服装である。男性は、ミズラを結い、太刀を佩《は》いている。女性は首から胸に玉や珠の輪を、ペンダントのように下げている。

男性はみな凛々《りり》しく、女性は美しかった。みんなわたくしのほうを見て、明るい笑顔で笑いかけてくる。わたくしの前を通るとき、立ち止まって、折り目正しい礼をする。わたくしも笑顔で会釈し、礼を返す。

不思議なことに、わたくしは、彼ら、彼女らを、すべて知っているのである。なんという名前で、どういう素性なのか、すべてわかっているのである。みんな、旧知の間がらなのだ。不思議といえば、いつの間にかわたくしも、彼らと同じ服装をしているのである。これもまた、言葉と同じで、そのときはなんの違和感もないのである。

上段の間に座っているわたくしを前に、彼らは二重、三重の半円をえがいて、座った。およそ、三、四百人くらいいたであろうか。男性が五人、女性が五人、いつの間にかわたくしの背後に座っている。わたくしは彼らをよく知っている。わたくしの従者なのだ。

いっせいに、彼らは平伏した。

「お久しゅう」

と同音に声があがった。

わたくしはうなずき、同じ意味の言葉を返した。会話が始まったが、すべて、古代語——神代時代の言葉であった。不思議なことに、わたくしはそれらの言葉を理解するだけではなく、彼らと同じように口にしているのである。不思議なことに、というのは、あとになって思ったことであって、そのときは、なんら不思議などと感じず、当然のこととして会話を交わしていたのである。

そのとき交わした話の内容は、強く記憶していることもあるし、忘れてしまったものもある。記憶していることは二種類に分類できる。わたくし個人にとって非常に重要なことと、この世界にとって非常に重大なことと、この二つである。

およそ、二時間くらいたったであろうか、彼らは静かに座を立ち、同音に、「お元気で」という意味の言葉を口々にし、戸口に向かった。男は右、女は左の戸口から、一列に出ていった。

わたくしは右、左と、交々《こもごも》、手を振りながら、彼らを見送った。最後の一人が姿を消したとき、わたくしはふいに意識が朦朧《もうろう》となった。

ふっと、目がさめた。

どこだろう？

あたりを見まわすと、わたくしは、小泉参剣道場の神の間の、床の中に寝ているのである。

「なんだ、夢か」

わたくしは声に出して呟いて、枕もとの電気スタンドを明るくした。

しかし——、とわたくしは頭を振った。

とても夢とは思えない。あの部屋の様子も、集まった人たちの一人一人の表情も、ほんのいま会って別れた人のようにはっきりと思い出されるのである。いや、板敷きの間の、あの冷えた感触が、腰のあたり、足の裏に、まざまざと感じられるではないか。とても夢とは思えない。

しかし、夢であることに間違いはない。

わたくしは、しばらくの間、まじまじと天井を眺めながら、もの思いにふけった。

そのうちに、再びわたくしは眠りに入った。

## 素戔嗚命《すさのおのみこと》

今度は、なんの夢も見ることのない熟睡であった。目がさめると、壮快な気分であった。洗面して、神棚を拝し、朝の食卓に向かった。

「いかがでした？　昨夜はよくおやすみになられましたか？」

小泉先生のお言葉に、はっと、昨夜の夢がよみがえった。わたくしは、箸を置いて、お答えした。

「よくやすみましたが、とても不思議な夢を見ました」

わたくしは、昨夜見た夢をくわしくお話しした。

「小泉先生、この夢はどういうことなんでしょうか？」

同じく箸を置き、膝の上に手を置いて、じっとわたくしの話をお聞きになっておられた小泉先生は、わたくしの目を射るような眼光で見つめながら、お答えになった。

「桐山先生、それは夢ではありません。それは、実際にあったことなんです」

「え？」

とわたくしは絶句した。

「夢ではない……？」

「夢なぞではない。実際に起こったことなんです。あなたは、昨夜、元宮《もとみや》に行って、昔の神々とお会いになったのです」

「元宮？」

「そうです。この道場の向こうにある神社のことです。あの神社は、伊雑宮《いざわのみや》と申し上げるのですが、ここでは元宮で通っています。伊勢の皇大神宮は、最初、ここにお祀りされた。のち、伊勢にお遷りになったが、最初、ここにお祀りされた。そこで元宮と申し上げるのです」

「なるほど」

「あなたはそこへ昨夜行かれて、神集《かみつど》いをされたのです」

「神集い？」

「そうです」

と小泉先生は、強い視線でわたくしを見つめながら、

「あなたは素戔嗚命《すさのおのみこと》の生まれ変わりなのです。あなたは昨日、ここに来られた。それは、わたくしがお招きしたわけだが、実際は、神々があなたをお引き寄せになったのです。昨夜、神集いされた神々は、みな素戔嗚命の一族、郎党たちです。だから、あなたは、みな、ご存じのはずなのです。神集いされて、重大なお話がなされた。そう聞くと、あなたは、なるほどとうなずくところがあるはずです」

わたくしの頭の中を、走馬燈のように、昨夜の出来事がよみがえり、駆けめぐった。

わたくしは黙ってうなずいた。

「桐山先生、あなたは、素戔嗚命の生まれ変わりであるから、国開きの大事業をなさねばならない。そういう使命を持っておられる。あなたは荒《あら》ぶる神として恐ろし

い力を持つ。そして、古きものをすべて打ち破り、新しい秩序をつくり出す。それがあなたの使命なのです。これからあなたはたいへんな苦労をなさるでしょう。多くの人が、あなたを敵として攻撃してくる。国津神《くにつかみ》の子孫たちです。彼らは、天津《あまつ》神《かみ》であるあなたを本能的に憎み、滅亡させるために全力を挙げる。彼ら、国津神の子孫たちは、そんなことは知らないが、理由《わけ》もなしに、あなたを心から憎み、叩きつぶそうと攻撃してくる。一方、天津神の子孫たちは、そういうことは知らないけれども、理由もなく、あなたを敬愛し、あなたの味方となって、身命をなげうち、あなたを助ける。

これから、敵、味方がはっきりします。国津神の子孫は、すべて敵となるでしょう。天津神の子孫は強力な味方となる。どちらも、そういうことは知らないけれども、宿命的、本能的に、そうなるのです」

わたくしは、じっと聞き入った。

「あなたは、非常な苦労をされるが、多くの人があなたを助けるから、国開きの大業は必ず成就するでしょう。それは、神々の助けなのです。神々があなたを助けるから、どんな難関も乗り越えて、あなたは大業を成就する。わたくしもまた、これから、毎夜、神剣を振るって、あなたの大業成就、息災長寿を祈念してさしあげます」

「ありがとうございます」

わたくしは、心の底から、お礼の言葉とともに、小泉先生に合掌した。

小泉先生は、最後に、にっこり笑って、こうおっしゃった。

「国津神の子孫たちも、最後にはみな帰伏して、あなたに忠誠を誓うようになるのです。それは、歴史を見ればわかるとおりです」

声をあげて、笑われるのであった。

以来、三十数年の歳月が流れた。目をつぶると、あの一夜の記憶がいまもなお、まざまざと脳裡によみがえってくる。

そして——。

おもしろいことがあるのだ。

それは、あの磯部の神集いの中にいた顔を、わたくしは、これまでにお会いした人びとの中に、何人も見出しているのである。そういう顔は、いまもわたくしの周囲にたくさんいるし、これからも次々と現れて、わたくしを助けてくれることになるのであろう。わたくしが、人に会うことが好きなのは、おそらくその顔を発見することがとても楽しいからではなかろうか。

## 神界・仏界からの詔勅くだる

神人・小泉太志命との出会いから約二十年たった、一九九〇年十月九日の未明、突然、わたくしは神界から詔命を受けた。

しかし、その十年前の一九八〇年、聖地インドの釈尊説法の地サヘート・マヘートで、わたくしは仏勅を受けていたのである。

この間の状況を、簡単に記しておこう。

## ひがしの国に聖地をつくれ

小泉先生が発せられた言霊、その神意は、当時のわたくしには計るべくもなかったが、小泉先生との出会いを機に、わたくしは、古代神法を含めていっそう修行を重ねていた。その一方で、小泉先生とお会いした前後から、わたくしは仕事に忙殺されるようになっていった。わたくしは、自分自身の因縁を透視し、自分の未来の予測は、自分なりについていた。『変身の原理』刊行も、それを機にわたくしの仕事の範囲が飛躍的に拡大するであろうことも、予測の範囲であった。

といっても、急用が生ずれば、京都の道場で一日の仕事をすませ、原稿を書き、深夜、自分でハンドルをにぎって高速道路を飛ばし、早朝東京に着いて、東京の道場で仕事をする。時には、その夜、再びハンドルをとって京都に引き返し、そのまま翌日の仕事をする。さすがにその後は、移動は新幹線になったが、移動の合い間も執筆するのが当たり前であり、休んでいるわけではなかった。

三日三晩の徹夜、平均睡眠時間が三、四時間という生活を、半月くらいぶっ通しに続ける。このような生活が、年齢を重ねても変わることなく続いたのである。

わたくしは、『変身の原理』を刊行したことで、同書で断言した、密教のトレーニングによる五つの超能力を実証的に示すという、十字架を背負った自覚があった。予測の範囲とは言ったものの、いささか常軌を逸した状況になっていくのを感じつつ、ひたすら前進しつづけた。

一九七八年、乾坤一擲《けんこんいってき》、わたくしは、新たに一宗を立てた。「阿含宗」である。

逡巡、熟考に熟考を重ね、「いま、立たねばいつ立つか」という信念に基づいてのことである。

一九七七年、立宗の前年、手狭になった京都の道場の代わりとなる道場を新たに建立すべく土地を求めていた。候補地もいくつかあがったが、当時のわが教団の力では思うにまかせなかった。

そうした中で、理想の地が一つあり、資金的に力が及ばないと知りつつも、数カ月結論が出せなかった。

わたくしは、現地を視察して、結論を出すことにした。というより、現地におもむき、これまで仲介の労をとってくださった方や誠意を尽くしてくれた不動産会社に配慮しながら、断るつもりでいたのである。

ひと通り候補地の山を歩き、断る口実を考えながら、坂道を下りてきたときである。敷地の中ほど、折からの夕陽を受けて浮き上がったように見える、白い円形の物体が目にとまった。梵字を刻んだ五輪塔の仏石であった。刻まれていた梵字はバン。大日如来の種字であった。

「この土地を買おう。いや、買わねばならぬ！」

仏さまがお望みの土地なのだと、瞬間感じた。四〇キロはあろうかと思われる石が突然現れるはずがない。案内した不動産会社の人が、午前中下見に来たときはなかったという。

わたくしは、この土地を購入した。それが京都山科・北花山の地である。

そして一九七八年、わたくしは「阿含宗」を立宗した。苦難の道であることは承知の上であったが、わたくしに向けられた非難、いや罵詈《ばり》讒謗《ざんぼう》を闘魂の糧として立ち向かう、すさまじい日々であったことは間違いない。わたくしは、仏意のあるところと信じる道をひたすらにまっすぐ進んでいたのである。

こうしたわたくしに、思いもかけないことが起こった。

一九八〇年、わたくしは、インド仏蹟巡拝の折、仏陀釈尊が十八年にわたって弟子をご指導された祇園精舎、すなわちサヘート・マヘートのミラクルの池のほとりにいた。そのとき、一条の霊光とともに仏陀釈尊からの啓示を、仏勅を受けたのだ。

すべてのひとびとがこの聖なるバイブレーションを受けることのできる聖地を、わたくしはひがしの国につくらねばならぬ。それがわたくしの使命だったんですね。それをかならずはたすことをわたくしはあなたに誓います。

この啓示で、わたくしは、日本にサヘート・マヘートをつくる使命を負わされたのである。

しかし、この啓示を謹んで受けたわたくしであったが、一つだけ疑問があった。それは、土地の問題であった。当時、すでに取得していた京都の山科・北花山に本山を建立中であった。しかし、そこにサヘート・マヘートを移し、そこをサヘート・マヘートとするのには、あまりに狭小であり、地勢上、限界に達しており、これ以上拡大することは不可能なのであった。

ところが、突如、思いがけぬ奇蹟が起こったのである。

突然、当時の本山建立地の地続きに、広大な土地が授かることになったのである。

インドのサヘート・マヘートの聖地にまさるとも決して劣らぬ広さである。しかも昔から「仏都」と称される京都の中心地である。

まさにこの地こそ、仏界の諸仏諸菩薩により準備されていた聖地だったのである。

一九九一年四月、この聖地、新しきサヘート・マヘートに本山総本殿・釈迦山大菩提寺が落慶した。構想以来、十八年目にして竣工なった二十世紀最大の日本式寺院建築である。

仏勅を受けたことで、立宗とともに本格的に着手した本山建立は、一宗の本山建立ではなく、仏教の総本山建立へと、その意義は変容していた。

本山の落慶式典に臨んで、わたくしはつぎのように挨拶をしている。

「落慶で終わりではない。これからほんとうの仕事が始まる」と。

これには、前年の一九九〇年に受けた神示のことも大きくかかわっていたのである。

## 神と仏への誓い

一九九〇年十月八日の深夜から明けがたにかけて、わたくしは、九州の道場で、解脱法要のための霊視をしていた。

午前二時ごろ、突然、ご神示がくだった。

柏原聖地霊園についてのもので、まったく思いがけない内容のものであった。

この地が、往古、天孫氏族の神々が集った聖地であるというのである。

わたくしが、柏原にある霊園予定地を見たのは、一九八九年一月、地鎮の法要を営むために、初めてこのお山に登ったときである。

生憎くの雨で、眺望は利かなかったが、意外に宏壮な規模であるのに驚かされた。しかし、なによりもびっくりしたのは、縹渺《ひょうびょう》と漂う神々しい雰囲気であった。

「これは聖地だ」

心の中でうなずいたわたくしは、なにも知らぬまま「柏原聖地霊園」と名づけた。しかし、のちになってこのようなご神示がくだろうなどとは、想像もなし得なかったのである。

そして翌月、柏原聖地においての大柴燈護摩供奉修のため、柏原に発った。

現地に着いて、まず耳にした第一声に、驚かされた。

「この聖地の地続きに、古くからの鎮守のお社があり、なんと、それがスサノヲ神社といって、素戔嗚命さまをお祀りしております」

という。

この聖地の南の峰の中腹に、真正仏舎利尊を奉安した祭壇が設けられ、その真向かいの北の峰に素戔嗚神社があるわけで、その真ん中で大柴燈護摩供が奉修されるのである。真正仏舎利尊と素戔嗚命が見下ろされる真ん中の平地で、大柴燈護摩供が修せられたのだ。

さきにのべているように、神人・小泉太志命は、わたくしが、素戔嗚命の生まれ変わりであると宣示された。わたくしは、小泉先生を心の底から尊崇申し上げているので、小泉先生のお言葉は絶対である。しかし、小泉先生の宣示は、小泉先生が感得されたものであって、わたくし自身が受けたものではない。しかし、このたびのご神示は、わたくし自身にくだったものである。いささかの疑義もあることなしである。

ご神示は、速隼雄大神《はやすさのおのおおかみ》から発せられたもので「スサノヲの子孫たちよ」と呼びかけている。「神集いせよ」との号令である。そしてそのご神示の証として、天孫氏族ゆかりの神域の土地を賜ったものと、わたくしは拝察するのである。

関係各位の感謝し尽せぬお力添えのお蔭で成った本山の落慶。荘厳にして華麗な式典の真っ只中、わたくしの心中には、速隼雄大神からのご神示と、仏陀釈尊からの仏勅とが鳴り響いていた。神界・仏界へのお誓いを込めて、わたくしは、「これから、ほんとうの仕事が始まる」と挨拶したのである。

神仏が示されたことをお受けし、その実現をお誓いしたことは、違えてはならない。わたくしは着々と進んでいった。

落慶から半年あまりの、一九九一年十月、わたくしは冥徳供養を始めた。冥徳供養とは、先祖が持つ悪い徳を除き、良い徳を授かる先祖供養であり、その最終段階が守護霊・守護神の授与になる。『守護霊を持て』で書いた通り、すべての人に守護霊をお授けしたいと願ったわたくしの考えを、だれでも実践できる、具体的な先祖供養として整えることができたからである。数年を経て、幾人かに守護霊を授けることができるようになった。

一九九三年十月二十四日、伊勢市の伊勢神宮御神域隣接地において、地元「遷宮伊勢の会」と「平成お伊勢参り実行委員会」のご招聘により、「伊勢神宮第六十一回式年遷宮奉祝・神仏両界大柴燈護摩供」を奉修した。

なお、これを機に、阿含宗の柴燈護摩供、阿含宗最大の年中行事である「炎の祭典・阿含の星まつり神仏両界大柴燈護摩」も、神仏習合の思想を汲んで「神仏両界の秘法」をもって修している。

一九九三年十一月、わたくしは、チベット仏教サキャ・ツァル派大座主のチョゲ・ティチン・リンポチェ猊下から、チベット仏教所伝の金剛界・胎蔵界の両部大法を授かった。猊下は、ダライ・ラマ十四世にも伝法されるほどの高僧でおいでである。お授けいただいた諸法は、秘法と呼ぶしかない、優れた深いものであった。

実は、この伝法を受ける前に出した『守護霊が持てる冥徳供養』（一九九一年刊）のあとがきで、このように書いた。

一九八三年におこなわれたチベット仏教ニンマ派の「秘経」による秘伝伝授が、非常に力あるものであった。

仏陀釈尊の成仏法と、チベット仏教の強力な実践法、この二つの結合によって、阿含宗の仏法は、完璧無比なものになったという確信が、わたくしにある。

完璧無比と確信したわずか二年後、新たにサキャ派の秘法を授かったのである。師からの伝授を受けてすぐに、その秘法の並ならぬ霊力に気づき、チベット仏教の奥深さは重々体感していたはずであったが、その深淵なることを示されて、わたくしは感嘆するしかなかったのである。師の教えに従い、チベット仏教の修行を重ねるにつれて、その思いは深くなるばかりであった。

このとき、チョゲ・ティチン猊下から授かったいくつかの秘法がなければ、このたびの守護神授与は行ない得なかった。

粛々と示されていく神意と仏意。

そのわたくしに再び、時機が迫ろうとしていた。

## 新しきサヘート・マヘートの完成へ

一九九九年の年初、突然、インド政府筋のご招聘により、三月初旬にインド聖地での柴燈護摩供を奉修することになった。わたくしは、このとき、一九八〇年に、仏勅を受けたときと同様の、いや、それ以上の衝撃を受けたのである。つまった日程の中、わたくしは、受けた衝撃の謎を解こうと必死だった。そして、わたくしの出した結論、それは、インドでの柴燈護摩が仏陀の復活祭であったということである。

前年、前々年と続けて行なった中国での講演で、阿含経復活、阿含仏教の復権を果たし、仏陀のよみがえり、復活を確信していたが、そこまでであった。

キリストは復活し、それを祝して復活祭が行なわれる。聖なる存在のよみがえりには、儀式が伴う。仏陀も復活されたら、それをお祝いする復活祭が行なわれなければならぬ。それでこそ、仏陀の復活は公のものになり、人びとの喜びとなり、励ましとなるのである。

法要には、仏教徒だけではなく、ヒンドゥー教、ジャイナ教、シーク教ほか、諸宗教の参列を得ている。復活祭にふさわしい法要であった。

衝撃的インド訪問から二カ月後の五月五日、わたくしは素戔嗚神社を建立することを発表した。帰国後ほどなくご神示がくだり、「神社を祀り、神霊をお祀りせよ」という神界からの詔勅をいただいたからである。そして、その直後に、本山境内地の国道をはさんで錬成道場の向かい側にある土地を買ってほしいとの申し出があった。わたくしは、まさにこれは神さまのお手配だと確信して、すぐに素戔嗚神社建立の計画を立てた。

ご神示が、たびたびくだることからもわかるように、阿含宗は神界のご加護をいただかなければならない、いや、ご加護をいただくようになっている。それゆえに、どうしても素戔嗚神社をお祀りしなければならない。

素戔嗚命はわたくしの守護神である。素戔嗚神社を建立することで、広くそのご神徳を顕していただき、功力《くりき》を及ぼしていただきたいと考えている。神社創建により、新しきサヘート・マヘートは、仏陀釈尊のお力と素戔嗚命を中心とした神界のお力みなぎる神仏両界万徳の聖地となる。

神・仏の思し召し深く強く、わたくしを誘う。いや、わたくしと志を同じくする人たちは、みな等しく、その下にある。わたくしたちは、すべて、み仏のご意志、神の大御業のまにまに歩んでいるのだと、心の底から思わざるを得ない。

今年、二〇〇五年から、わたくしは守護神のお授けを開始している。守護霊ではなく、守護神である。次章以降にくわしくのべるが、この守護神授与は、仏法だけでは成就せず、神法のみでも成就し得なかった。神仏両界の秘法、相整って実現できたことである。そこには、仏界、神界からの強いご意志が働いているのである。

# 第二章　守護神を持て

## 守護霊・守護神の実相

守護霊・守護神を持つことは、誠にすばらしいことである。それを明らかにするのが、本書の目的である。まず、守護霊・守護神とはどのような存在であるかを明らかにしたい。旧著にも書いたことであるが、守護霊・守護神を理解していただくには大事なところなので、改めて書くことにする。

守護霊・守護神は、これを大別して、四種類に分類することができる。

一、仏界に属する神霊
二、神（道）界に属する神霊
三、祖霊に属する神霊

四、動物霊

である。

神霊とは、物質の生滅の約束を超えて存在しており、物質もしくは時間・空間の法則を超越して、随時・随所に自由のすがたをもって出現し、あるいは、神霊自身の欲する事物、または、人の請い願うもの、さらには人間の肉体にも憑依《ひょうい》するものである。

仏界でいえば、たとえば明王の変化身には龍神のすがたをもって現れ、神道界でいえば、大物主神、および事代主神は、ともに壮年の男子のすがたと化し、八幡神は、高さ三丈（約十メートル）ばかり、色、満月のごときかたちにて現れる。また、その他、童男、童女、老翁などのすがたで現れる場合もある。

また、物質に憑依《ひょうい》（宿る）する場合には、神道界では、鏡・剣・玉・石・弓矢など、永久性を帯びるものが多い。すなわち、素戔嗚命《すさのおのみこと》は自己の霊魂を石に寄託し、八咫鏡《やたのかがみ》は天照大神の憑依するところである。このほか、物体そのものに神霊のみとめられるものも少なくなく、これらの場合、これら霊の憑依するものを「霊代《みたましろ》」「霊形」または「神体」という。また、三輪山《みわさん》のように、山じたいに神霊の宿る場合もある。

仏界の場合には、彫像・画像が多いが、稀には、神道界のように、神霊が事物《じぶつ》をもってすがたを現すことがある（そのすがたをあとで彫刻し、えがくわけである）。この、神霊が事物を借りてすがたを現すことを、神道のほうの用語で「現形《げぎょう》」という。

これらの神霊は、ある特定のグループ、あるいは個人を守護するのが本務であるが、その場合、神霊の側から人間に働きかける動作として、つぎの三種があげられる。

一、現形《げぎょう》

いまのべたように、ある必要に応じて、神霊が有形的にかたちをそなえて、出現するのである。

二、神懸《かみがかり》

神霊が人の体に宿り、その口を借りて、神意を示すのである。この、人の口を借りて示される啓示、予言は、すなわち、神宣《しんせん》・神託《しんたく》であり、こういう神宣を受けるのは、ふつうの人間よりもよりよく神に近づき、これを受ける能力を持つ女性が選ばれる。これが神巫《かんなぎ》である。これは、おもに神道において行なわれる。この場合、その託宣が、正当の神の意志・啓示であるかどうかを判断するものが必要であり、これを、審神者《さにわ》（沙庭人《さにびと》）という。

三、感得

睡眠中に夢の中で霊告を受けたり、祈禱、あるいは修行中などに、神霊の啓示を受ける。

以上の三つである。

しかし、ふつうには、これらのように、いちいち神霊が顕現されるということはなく、隠身《かくりみ》のまま、守護するものを庇護《ひご》して、災害や不幸から守る場合が多いのである。

## 神（道）界の神霊と仏界の神霊

ところで、さきに、わたくしは、守護霊・守護神を、仏界に属する神霊と、神（道）界に属する神霊とに分類した。

これは、どういう意味かというと、わが国は、「神国」といわれるように、国土草創《そうそう》のときから存在するわが国固有の神霊がおり、これに、あとになって仏法伝来とともに渡来してきた神霊が加わり、この二種類の神霊が存在するからである。

## 神（道）界の神霊

まず、神道界の神霊についてのべると、神道界の神霊は、つぎの三種類に分類される。

一、天孫系氏族《てんそんけいうじぞく》の神霊
二、出雲《いずも》系氏族《けいうじぞく》の神霊
三、産土神《うぶすながみ》の神霊

である。

まず、一と二だが、これはつまり、天津神《あまつかみ》（天孫系）と国津神《くにつかみ》（出雲系）である。

この二つの氏族は、のちに融合したのであるが、神霊界においては、いまでも、天孫系氏族のひと（子孫）には、天孫系の神霊が守護神となり、出雲系氏族の子孫には、出雲系の神霊が守護神となるのである。

ところで、この天孫系氏族の神霊と、出雲系氏族の神霊の二種の神霊は、さらに、それぞれ二つの神霊に分類されるのである。

それは、各氏族の祖神霊（祖先神）と、自然の霊的存在としての神霊である。

たとえば、

一、この国をひらき、あるいは、国家を形成し、国土の経営をするなどの大業をなしたひと、すなわち、イザナギ、イザナミの尊《みこと》、天照大神《あまてらすおおみかみ》、大国主命《おおくにぬしのみこと》、などである。

二、また、氏族の基《もと》をひらいたひと。たとえば、中臣《なかとみ》氏における天児屋根命《あめのこやねのみこと》、忌部《いむべ》氏における天太玉命《あめのふとだまのみこと》、あるいは、皇室にあっては天照大神、などである。

これらの方々は、神として祀られ、氏族の祖神、すなわち、氏神《うじがみ》として、氏族を守護するものとして、氏族あげて尊崇の対象となったのである。

ところが、氏神には、これらの祖神のほか、人格神ではない自然の霊的存在としての神霊も、ともに祀られたのである。

それは、ほかならぬこれら祖神自身が、生前、この霊的存在（神）に守護されており、この霊的存在は、祖神らが亡くなったのちも、氏族たちをしばしば救い、守護されている。それがやはり氏神として祀られたのである。

わが国の神道は、祖先教であるといわれ、たしかにその通りであるけれども、氏神として崇拝されたのは、必ずしも祖先神のみにとどまらず、祖先神以外の人格神、また、自然神をも取り入れていたのである。

たとえば、仲哀天皇の晩年、熊襲征伐から神功皇后の三韓征討にいたる間は、国家の安危にかかわる超非常事態の時として、各地に神託がしきりにくだり、しかもその内容がすこぶる重大なるため、人心の動揺がひとかたならぬものがあった。

そこで、香椎の行宮《あんぐう》において正式に神の啓示を請うことになり、国じゅうに大祓《おおはら》いを命じて不浄をきよめ、新しく斎宮を建て、皇后みずから神主としてここにこもり、七日七夜のあいだ、祈願を込められたのである。

すると、七日目に、天照大神、ならびに、底筒男命《そこづつのおのみこと》、中筒男命《なかづつのおのみこと》、表筒男命《うわづつのおのみこと》の三神がすがたを現し、新羅征討《しらぎ》についいて、神示をくだされたのである。皇后はこの神示に従って、天神地祇を祀り、出陣せられたのであるが、この出現の神々の荒《あら》魂《みたま》は先鋒となって船団をみちびき、和魂《にぎみたま》は皇后の身を守護してその神力を発揮したため、新羅王もなんらなすすべなく、降伏したという。

この、底筒男命、中筒男命、表筒男命の三神は、神代紀によると、イザナギの尊《みこと》が、黄泉国《よもつくに》に行ったときのけがれをはらうために、筑紫の日向の橘の小門《おど》の阿波岐原で、みそぎばらいをしたときに出現した神々であり、この三神を、墨江三前大神《すみのえみまえのおおかみ》ともいい、これを祀ったのが、現在の下関市の住吉神社であり、さらには、大阪市の住吉大社なのである。

このように、国家や、氏族（または個人）の守護神として、祖神の神霊のほか、自然に出現された神霊を、氏神として祀った例は少なくないのである。

最後は、

三、産土神《うぶすながみ》の神霊

である。

産土神というのは、ある一定の土地を守る神霊である。

ウブスナ、とは、ウブ(産)スと、ナ(土・地)の結合した言葉で、生まれた土地の守り神をいうのであるが、そこで生まれた人を守るだけではなく、そこに住む住民をも守護する神霊である。

以上、ごく簡単に、神（道）界の神霊についてのべたが、これらの神霊は、条件が整えば、グループ（家・団体）、あるいは個人の守護霊・守護神となって、守護してくださるのである。

## 仏界の神霊

つぎは、仏界における神霊であるが、なぜ「仏霊」といわないのか、なぜ神霊というのか、と疑問に思われるかも知れない。

それは、釈迦牟尼仏とか、阿弥陀如来とか、大日如来、観世音菩薩というような非常に霊格の高い仏さまが、そのまま守護霊となって、グループなり、個人なりを守護するということは、ないからである。

大日如来とか、観世音菩薩というような仏さまが、それらの仏さまを本尊として祀る教団に、その教団の教法の正しさ、高さを証明し、あわせて教団護持のために現形《げぎょう》されることはある。きわめて稀なことであり、奇蹟ともいうべきことであるが、ないことはない。たとえば、わが教団における、三身即一の大日如来さまのご出現である。

しかし、現形されたこういう仏さまが、ただちに、教団の信徒の、家庭なり個人なりを守護される存在となるということはない。こういう仏さまは、教団に対し霊示をくだし、教団を護持するために出現されるのであって、個人や家庭を守護する存在になるということはないのである。それでは、信徒の家庭や個人の守護とは無関係なのかというと、そうではない。その場合には「変化身《へんげしん》」となって、守護救済の活動に適したすがたに変身・現形して、守護されるのである。

たとえば、わが教団に出現された大龍神さまである。龍神というのは、明王《みょうおう》の変化身であって、わが教団の大柴燈護摩に現形された火龍さまは、不動明王の変化身である。ところが、その不動明王は、大日如来の教令輪身《きょうりょうりんじん》なのである。この関係を、密教では「三輪身《さんりんじん》」という。

## 祖霊を守護霊・守護神にする

先祖の霊を守護霊・守護神にするということは、要するに、さきにのべたように、神道における「氏神」の発想と同じことだと思えばよいであろう。

発想というと、ただたんなる思いつきのようにとられるおそれがあるけれども、この考えは正しいのであって、祖先の中で、最も徳が高く、力もあり、没後、霊界において霊格を生じた方を、守護神、守護霊として祀り、その霊格をさらに高め、力を強めるための祭祀をするときは、その祖霊はさらに昇格して、守護の力を強大ならしめ、その子孫を護持してくださるのである。

神道のほうでいうと、たとえば、皇室では、皇室の守護神として、祖霊を祀られた。その守護神の中心は、その御先祖たる天照大神であり、これに、つぎの八神を奉祀した。

一、高皇産霊神《たかみむすびのかみ》

二、神皇産霊神《かみむすびのかみ》

三、魂留産霊神《たまつめむすびのかみ》

四、生産霊神《いくむすびのかみ》

五、足産霊神《たるむすびのかみ》

六、大宮売神《おおみやのめのかみ》

七、事代主神《ことしろぬしのかみ》

八、御膳神《みけつかみ》

これに十種神宝《とくさのしんぽう》が加わるのであるが、この八神のうち、事代主神をのぞいた七神は、自然神の神霊である。人格神である事代主神は、大国主命の息子であり、天孫《てんそん》降臨《こうりん》の際、父、大国主命に、国土を天孫にゆずることを勧め、出雲系氏族の中で、最初に天孫に帰順の誠心をあらわし、忠誠を尽くした神であり、神界における霊格が高いため、皇室の守護をつかさどる神として祀られたのである。

このように、祖先でなくても、祖先に力を尽してくださった方で、霊格をそなえた方ならば、これを祀り、守護神、守護霊となっていただくことはできるのである。この方式が、皇室以外の大氏族にも取り入れられて、その氏族を守護する神霊を祀り、氏神として尊崇し、氏族全体を守護していただくことになったことは、さきにのべた。

祖霊を守護霊・守護神にするということは、この方式を、各家庭に、そのまま移したものと思えばよいであろう。

わが家の祖先の中で、霊界に入って、霊格をそなえた方を探し出し、これを供養して（神道では祭祀、仏界では供養）その霊格を高め、守護霊・守護神となっていただくのである。

そういうと、ここで一つの質問が出るであろう。それは、
それでは神道とまったく同じではないか、
という質問である。
それでは、仏教ではなく、神道ではないか。仏教の僧侶である著者は、神道を勧めるのか？　という質問である。
そうではないのである。
祖霊を祀って、守護していただくということは、神道も仏教も目的は同じである。しかし、その方法において、非常に違うところがあるのだ。それは、「成仏」という問題である。
仏教において、守護霊を授かるためには、逆修供養が必要である。その過程はつぎのようになる。

一、霊山に建立された由緒正しい菩提所を持つ

二、この菩提所に祖霊を祀り、不成仏霊や、その他、一切の不浄な霊を解脱成仏させる

三、阿闍梨から戒名をつけていただき、解脱成仏法を修していただく

四、祖霊の中から、有徳の霊を探していただき、増益供養を修して守護霊を育成する

現代にこの四つの条件を満たすことは、きわめて困難と言わねばならない。

まず、一、の条件を満たすには、つぎの三つの条件がある。

(一)、霊界に直結する霊山であること

(二)、由緒正しい仏舎利（お釈迦さまのご聖骨）がお祀りされていること

(三)、どんな不成仏霊でも成仏させる霊力を持つ阿闍梨がおられること

すべてを備えたところが最高の菩提所であるが、少なくとも二つは備えていなければならない。

「霊山」も「由緒正しい菩提所」も、霊界にかかわることであるから、人間が口を極めて言っても意味をなさないだろう。ちなみに、わが教団の本尊は、真正仏舎利である。そして三身即一の如来や龍神など諸尊が法爾無作のおすがたをもって現形され、霊界直結の聖地であることをお示しになり、この二つが整っていることを証してくださっている。畏れ多くも、写真にそのお姿をとどめ置かれており、誠にありがたいことである。

つぎに、直接に「成仏」ということがかかわってくるのが、残りの二と三と四である。

このことを理解していただくには、まず、仏陀釈尊の成仏法について語らねばならない。

## 仏陀の成仏法

仏陀釈尊の成仏法は、「生者の成仏法」と「死者（亡者《もうじや》）の成仏法」に分けられる。

「生者の成仏法」というのは、生者、つまり、生きている人間が、この法による修行をして因縁解脱《いんねんげだつ》をなしとげ、仏陀となる法である。仏陀に成る法であるから、成仏法という。

成仏法は、仏陀が直説されたただ一つの経典、阿含経にのみ記されている。この法を「七科三十七道品《どうぼん》」、または「三十七菩提分法《ぼだいぶんぽう》」という。わたくしは、これを、「成仏のための七つのシステム・三十七のカリキュラム」といっている。

釈尊は、一生かけてこの法を説いた。釈尊は、この法以外に法としてはなにも説れていない。そして彼は、この法を修行しなければ、仏陀としての正覚《さとり》は得られず、絶対に仏陀になることはできない、と繰り返し説いている。

これに対し、「死者の成仏法」は、生前の悪因縁、悪業、怨念などのために霊界や冥界に行けず苦しんでいる霊（これを不成仏霊という）を、解脱成仏させる法である。

この法は、仏陀の生者の成仏法を体得した導師だけが修法できる。というのは、生者の成仏法も死者の成仏法も、ともに「因縁解脱法」であって、その違いは、対象が生きている人間か死者であるかの違いだけだからである。死者は自分で解脱のための修行ができないから、この法を体得した導師が法を修して、正覚《さとり》を廻向《えこう》するしかない。だから、仏陀の成仏法を体得した導師でなければ、修することができないのである。

この仏陀の成仏法によらない先祖供養は、たんなる慰霊供養にしかすぎない。これでは霊障は消えない。慰霊法であって、成仏法ではないからである。霊を慰めるだけで、解脱させられない。だから、ただたんに一時、霊障を押さえることはできても、すぐに元に戻ってしまう。

人間の不幸、災難、のほとんどは、先祖から受けついだ不徳・悪徳が原因している。また、人間の思考・行動の形式、性格形成、等すべて先祖の強い影響のもとにある。

これらのことを指して、わたくしは「霊障」と呼んでいるのである。

端的にいえば、苦しんでいる霊の影響を、現世に在るわたくしたちが受けることが少なからずある、ということである。

このことについて、世の多くの人びとは、まったくといっていいほど無知である。また、それがわかっていたとしても、どうしていいのか、その対策のしかたを知らないというのが、実情である。

仏陀の成仏法こそが、それを解決するただ一つの方法なのだ。

仏陀の成仏法だけが、すべての霊障を消滅させ、完全解脱させることができるのである。

ひと口に先祖供養というが、各宗旨、宗派によってさまざまな形式がある。だが肝心《かんじん》なのは、先祖の霊障をとりのぞくということである。先祖の霊障を消滅させる力を持った先祖供養でなければ、完全な先祖供養とはいえない。

それが完全にできるのは、仏陀釈尊の成仏法による先祖供養だけである。

この仏陀釈尊の成仏法による先祖供養は、二つの法から成っている。

一、解脱供養法

二、冥徳供養法

である。

解脱供養法は、強い怨念《おんねん》を持つ霊障のホトケを、完全解脱させる法である。「解脱成仏法」ともいう。

強い怨念を持つ霊障のホトケは、子孫に非常な悪影響を与える。

霊障のホトケのいる家庭には、必ず、強い「肉親血縁相剋《にくしんけつえんそうこく》の因縁」が生じて、家族の間に、いつも争いが絶えないことになる。あたたかい会話などほとんど交わされず、親子、兄弟、夫婦が、いつもいらいらしていて、ちょっとしたことで罵《のの》り合い、どなり合う。つかみ合いのけんかが始まる。というように、争いが絶えない。

また、霊障のある家庭は、強い「家運衰退《かうんすいたい》の因縁」があるから、なにをやっても、うまくいかない。不運と挫折の連続である。病気や、怪我、人にだまされる、など、わけのわからない不幸や災難に見舞われる。そういうところから、家族間の争いは深刻の度を増してゆく。不幸な時ほど家族みんなが力を合わせ、仲よく協力し合って対処しなければならないのに、逆になってゆくのである。

こういう先祖の霊を霊視して探し出し、良い戒名をつけてあげて、導師が成仏法を修するのである。

解脱供養をすると、こういったことが、驚くほど、変わってくる。とにかく、家庭を覆っていたトゲトゲしい空気、暗い空気がいっぺんになごんでいくのが実感される。てきめんに変わってくる。

つぎに、冥徳供養は、強い霊障を起こすまでには至らないが、しかし、成仏できずに苦しんでいる、多数の不成仏霊に対する成仏供養である。

儒教の大学者、安岡正篤先生は、

「われわれの先祖は、二十代さかのぼると、百万人を越え、三十代さかのぼると十億を越えるという」

とおっしゃっている。

わたくしの霊視によると、直接、霊障の影響を与えるのは、三代ないし、四代くらい前までの先祖である。特殊な例をのぞいて、ふつう、それくらいである。

これに対し、不成仏霊の影響は、七、八代、時に十代くらい前まで範囲が及ぶ。

いずれも「家運衰退の因縁」と、それにかかわる悪因縁のもとをなしている。

時には、何代前かわからない不成仏霊の漠然《ばくぜん》とした悪影響を感じることがある。

こういった場合、多くは、単体ではなく、数体、もしくは十数体もかたまっていることがあり、わたくしは、これはもう「因縁」ではなく、「業《ごう》」になっているな、と思うことがある。これらも、その家系《いえ》の運を悪くし、さまざまな災難のもとをなしているので、とりのぞかねばならないのである。

これらの不成仏霊に対する成仏法が、「冥徳供養法」である。

この法が冥徳供養法と呼ばれるのは、この法によって、これらの不成仏霊を解脱させてあげると、その供養をした人に必ず「冥徳」があらわれるからである。冥徳とは、祖霊の冥《かげ》の助けを受ける徳をいう。

この冥徳供養を行なうと、不思議に、思いがけない幸運にめぐり合うのである。家運もよくなる。

なお、この冥徳供養は、解脱供養と違って、導師のわたくしだけが修法するのではなく、わたくしたちが修法した先祖の塔婆を、家の御宝塔前に奉安して、わたくしの教えた特別な「冥徳供養真言」をとなえて、解脱成仏と、冥徳をくださるように祈念する。

これを重ねていくことで、守護霊が持てるようになるのだ。くわしくは『守護霊が持てる冥徳供養』（平河出版社）をお読みいただきたい。

以上からおわかりのように、守護霊となっていただくには、成仏という過程が欠かせないのである。同様に、守護神にも成仏法が必要である。

守護霊をいただく条件の四番目に「祖霊の中から、有徳の霊を探して」とあるが、成仏していない祖霊は、守護霊になることができない。成仏していない祖霊は、子孫を守護するどころか、自分自身成仏できずに苦しんでいる状態なのだから、むしろ、子孫に迷惑をかける存在なのである。子孫に廻向してもらって、救ってもらわねばならぬ境界である。子孫を守護するどころではないのだ。

実際に、守護霊をいただきたいという申し込みを受けて、その人の祖霊をすべて霊視してみると、五代、時には七代まで遡って霊視しても、すぐに守護霊として祀れる祖霊はほとんどなかった。まず、数万体に一体であったろうか。

つぎに、これならば、ある期間ご供養し、修法してあげれば、りっぱな霊格をそなえた守護霊・守護神になっていただけると思われる祖霊は、五百体に一体くらいであった。一人の人間を七代まで遡ると直系で百二十八人となる。これに傍系の祖霊を入れるとだいたい、五百人になるので、直系・傍系を含めて克明に霊視していくと一体ぐらい守護霊候補を見つけ出すことができないことはなかった。しかし、守護霊候補というのは、まだ、完全成仏していないわけであるから、まず、この祖霊を完全成仏させなければならないのである。

守護霊・守護神をいただくには、どうしても、仏陀の成仏法が必要なことが、これでおわかりいただけたであろうか。

## 守護霊から守護神へ――二十一世紀の新しい宗教形態

では、守護霊を授かったら、どうなるか。

古来より、その家の当主には、「長者の十徳」が備わるようになるとされている。長者の十徳とは、一、姓貴、二、位高、三、大富、四、威猛、五、智深、六、年耆、七、行浄、八、礼儀、九、上歎、十、下帰である。

たいへんな徳である。

あるＯＬを霊視したところ、祖霊の中に窈窕《ようちょう》たる美貌の若い姫君が楚々たる姿で現れた。試みに守護霊として授けたところ、一心に拝んでいるうちに、容色衰えたみすぼらしい女性としか形容しようがなかったこのＯＬが、いつしか見違えるような美女となり、青年実業家に見初められて玉の輿に乗り、ついには、守護霊の姫君と同じような境遇になってしまったのである。

守護霊を授かれば、その家、その人の運は強くよいものとなるのである。

しかし、守護霊をお授けするたびに、わたくしは、守護霊に、より強力な守護力を持っていただく必要性を感じた。それを追求した結果が、守護神という存在なのである。

守護神をお授けするには、三つの法が不可欠である。

仏陀釈尊の成仏法と、チベット仏教の秘法、そして古代神法である。この三つの法がそろえば、完全無欠である。

まず、仏陀釈尊の成仏法によって、先祖の中から探し出した徳と力のある霊格の高いお霊を完全に因縁解脱させ、りっぱなお霊にする。

そのつぎに、お霊遷しの秘法が必要となる。これはチベット仏教にしかない。この秘法をわたくしは、サキャ・ツァル派の大座主であるチョゲ・ティチン・リンポチェ猊下から授かった。

最後に、わたくしが体得している息吹き永世の法を中心とする、古代神法をもって神力加持をする。つまり、神さまを生み出すのである。

わたくしは、この三つの法を体得するのに、いままで、約二十年かかった。この二〇〇五年から、この法をもって、守護神となったご先祖のお霊をお社にお祀りして、お授けすることができるようになったのである。

先祖の中から徳と力のある霊格の高いお霊を選んで、完全に因縁解脱させ、その上で神格を与えてお社に祀り、一家の守護神として拝む。これは、二十一世紀の新しい宗教形態・信仰形態だと思う。

さて、守護神をお授けする三つの法のうち、成仏法についてはすでにのべた。あとの二つ、チベット仏教の秘法、そして古代神法について語れる範囲でのべてみよう。

## チベット仏教――お霊《みたま》遷しの法

チベット仏教と阿含宗とのかかわりについて書くにあたり、まず、訂正しておかなければならぬことは、それはチベット密教ではなく、チベット仏教と呼ばれなくてはならないということである。

チベット仏教は、密教の要素が非常に深い。そこで、チベット密教とひと口にいわれてきたのであろうが、実際には「顕教」の部分も、緊密かつ高度に構成されているのである。

そしてその顕教の部分は、日本の大乗仏教と違って、釈尊の根本仏教に非常に近いのである。

この点、日本の仏教界は、認識を改めなければならぬ点が、多々あると思われる。

わたくしが、真言密教を離れて釈尊の根本仏教へと進み、同時に、チベット仏教と深いかかわりを持つようになったのは、密教の部分に惹かれると同時に、教学の面でも、根本仏教に近いと感じたからである。

チベット仏教にわたくしが惹かれたのは、

第一に、七科三十七道品に近い修行法を、純粋に保っていること

第二に、霊的に非常に強い法を持っていること

である。

チベット仏教が持つさまざまな法について、ここでは、具体的に説かない。他日の機会を待ちたい。尊い法ゆえに、誤りなく伝えなければならないからである。決して法を惜しんだり、もったいぶったりしているのではない。ただ、読者が、わたくしが、ほんとうにチベット仏教の秘法を伝授され、体得しているのか、と疑義を

差し挟むのを懼れ、わたくしが由緒正しいチベット仏教の法脈を継承している事実を示すことにする。

わたくしは、第一章でのべたように、チベット仏教界の至宝、サキャ・ツァル派の大座主、チョゲ・ティチン大座主猊下を大阿闍梨として、一九九三年十一月六日から十一日までの六日間、チベット仏教の奥義、金剛界・胎蔵界の両部の伝法灌頂を受けた。このとき、チベット仏教の最高位「金剛大阿闍梨耶」を授けられ、「ンガワン・リクズィン・テンペル＝智勝光明大覚者」の法号をいただいた。

チョゲ・ティチン大座主猊下は、当時のチベット仏教界において、法脈正しい金・胎両部の秘法を伝授し得るただ一人の大阿闍梨である。これまでに、チョゲ・ティチン猊下より金・胎両部の法を受けられたのは、サキャ・ティチン（サキャ派大座主）猊下お一人。わたくしは二人目である。因みに、第十四世ダライ・ラマ法王猊下は、先年、チョゲ・ティチン大座主猊下より金剛界の伝授を拝受された。

すでに、わたくしは、一九八三年に、由緒正しい伝統を誇るニンマ派ミンドリン寺大座主ミンリン・ティチン・リンポチェ猊下から「一切萬霊守護金剛（ギュルミ・ドルジェ・ドゥ・ドゥル・ツェル）」の法号を、また一九八八年には阿闍梨位を授かっている。今回の授受でチベット仏教の中核をなす四大宗派のうち、それぞれに古義と新義の代表であるニンマ派とサキャ派、二つの法脈の継承者となったのである。

なお、わたくしの金剛大阿闍梨耶受法に際して、伝法の証として「血脈相承系譜」（ツォクシン、という）を授与されている。開祖以来、わたくしの師のチョゲ・ティチン大座主猊下まで、尊像と法号が記されている。師は第四十一世、わたくしは第四十二世である。このツォクシンは、日本では絶無であり、チベットでもほとんど他に見られない。

それはそうであろう。チョゲ・ティチン大座主猊下が、金・胎両部の秘法を授けられたのは、サキャ・ティチン（サキャ派大座主）猊下のほかには、わたくし一人しかいないのであるから――。

いずれ、いつの日か、わたくしが弟子に秘法伝授した時には、このツォクシンの末席に、わたくしの肖像と法号が記されるであろう。

以上が、わたくしのチベット仏教における法脈であるが、チョゲ・ティチン大座主猊下から授かった秘法のおかげで、祖霊に神格を与えて、神さまとすることができるようになったのは、間違いない。すなわち、わたくし自身が、霊力において『守護霊を持て』のころより、格段に進化したのである。

# チベット仏教瑜伽タントラ金剛界相承血脈

1. 大日如来
2. 金剛薩埵
（持金剛寂静尊）
3. ギェルポ・ラプセルダワ
4. ダチェン・ズィン
5. パオ・タパラ
6. イェシェ・ドルジェ
7. クンガ・ニンポ
8. プラジュニャ・シッディ
9. ラプジョル・キャン
10. シュラダカ・ラワルマ
11. サンギェーシワ
12. ロチェン・リンサン
13. ロチュン・レクシェ
14. スムトゥン・イェバル
15. チェシャルワ
16. トゥトゥン・バルトク
17. ツァントゥン・マセン
18. チェトゥン・ドセン
19. チュークウー・セル
20. パクウー・ユンギャム
21. プトゥン・リンチェンドゥプ
22. リンチェン・ナムギェル
23. ナムカ・チョクドゥプ
24. リンチェン・ペルドゥプ
25. ケンラプ・チュージェ
26. オンポ・リンチェンギャルワ
27. タシ・ギェルツェン
28. ラオ・リンチェンギャム
29. ソナム・チョクドゥプ
30. チャンリン・ムンラムドゥプ
31. 阿闍梨テンパ・タルギェー
32. ラチェン・ムンサム
33. チャムパ・チューペル
34. リンチェン・ペルジョル
35. シャル・ロセル・テンキョン
36. ジャムヤン・キェンツェ
37. コントゥル・ユンギャム
38. ロテル・ワンポ
39. タクラ・チューキニマ
40. ガクロ・タムパ・リンポチェ
41. 本師ナーランダ僧院第十八代大座主
チェツン・スバシタ
（チョゲ・ティチン・リンポチェ）
42. ンガワン・リクズィン・テンペル
（智勝光明大覚者・桐山靖雄）

## 古代神法——息吹《いぶ》き永世《ながよ》の法

また、わたくしは古代神法も修行して、神界最高の法である息吹き永世の法も体得している。祖霊から神を生み出すには、自分が守護神より高い神格にならなければできない。それには、息吹き永世の法を行なう必要があるのである。わたくしは、息吹き永世の法を中心とする古代神法により、神力加持をもって神を生み出すことができるのである。

息吹き永世の法とは、古代の神々が用いた秘法である。

日本列島に神霊の気がみちみちていた時代、神々が用いた霊法があった。

これを「息吹《いぶ》き永世《ながよ》の法」という。

わたくしはこの法について、いまから三十数年前、一九七二年発行の『密教・超能力の秘密』で、つぎのようにのべている。

この橋（当時私が修行していた修行法をいう）は、古代ヨーガと密教の秘密のかけ橋であったとわたくしは前の文章で書いたが、さらに、わがくにの古代神道にまでその道が通じていたとは、さすがのわたくしにもまったく思いがけぬことであった。

古代神道に、「息吹き永世の法」（または息吹き長代ともしるす）と称せられる秘法があった。一種の呼吸法であるが、〝神人合一〟の秘術として、代々、皇室につたえられていた。一部民間にも伝承されたが、いつの時代からか、消滅してしまったのだ。戦乱の時代、皇室衰微のときに絶えたのであろう。名のみ残って、実体の法は無く、ゆえに幻の秘法とされてきた。こういうことは、よくあることで、たとえはちがうが、足利時代にさかんであった「田楽《でんがく》の舞《まい》」などがそうである。舞の型はのこり、絵図などもあるが、一本足の竹馬に乗って舞う技術が、いったいどのようなものか皆目《かいもく》わからず、いまはただその竹馬に片足をかけて舞うだけであるという。

息吹き永世の法も、それで、わたくしも以前、修行中に、これが息吹き永世の法であるという二、三の法に接したが、世にいうほどの秘法とも思われず、さりとて、わたくしにもそれが本当のものであるか、そうでないかを見きわめるほどの神道の素養もなく、そのまま過ごしてきたことであった。

ところが、クンダリニーの覚醒に際して、わたくしは、まったく思いがけず、この息吹き永世の呼吸法を発見したのである。

息吹き永世の法の特徴は、この法成就するや、寒熱《かんねつ》自在の息を長嘯《ちょうしゅう》す、とあるように、定に入ると、凍るようにつめたい息と、熱風のように熱い息とを交互に、自在に吐くのである。この、寒熱自在の息は不思議な力があって、法の通りにこれを息吹くと、いかなる病気も、怪我もたちどころに痛みが去り、快癒におもむくとされている。瀕死の病人にむかい息吹くとき、神の新鮮な生命力を吹きこまれて、たちどころによみがえり、元気充実す、という。おかしたる罪けがれも一切浄化される。天地四方にむかって息吹くときは、悪霊、怨念、低級の霊、すべての障害が消滅して、天下太平が実現する。「是レ神ノ息吹キ也」とある。修行者が常時これを修行すると、神人合一して三〇〇歳の長寿を得るという。

いまから三十年も以前に書いたものであり、また、他の法について書いた参考程度に説明したものであるから、ごく簡単にのべてある。しかし、おおよそのことはおわかりいただけたものと思う。

ひと口にいうと、神智・神力を獲得する特殊な修行法である。

太陽神（天照大神はその具象化の一例）を念じて特殊な観法・呼吸法の鍛練をするので、わたくしは、これを「太陽の法」と名づけてもよいのではないかと思っている。ノストラダムスの予言詩にある「日の国の法」とは、日本の古代神法「息吹き永世の法」なのである。

わたくしは、その後、研鑽《けんさん》を重ねて、この法を自家薬籠中《じかやくろうちゅう》のものにした。息吹き永世の法を完全に自分のものにしたのである。これによって、わたくしは、念願としていたこのたびの法を完成することができたのであった。息吹き永世の神法を身につけなかったら、それは絶対に不可能であった。

以上、守護神を授ける三つの法について、それぞれの果たす役割も含めてのべたが、厳密には、明確に区別できるものではない。いや、皆さんに理解できるように明確に説明するのがむずかしいというのが正確である。霊界のことは霊妙不可思議、わたくしたちの世界と同じように考えられないところがあるからである。あえていえば、ある意味、三つの法は補完し合う関係と言ってもいい。それゆえに、仏陀釈尊の成仏法、チベット仏教の秘法、古代神法を完全に体得できて初めて、守護神をお授けできるようになったのである。そのための二十年であった。

## 守護神のお力とは

### 日々是好日《にちにちこれこうじつ》

守護神をお授けするにあたり、わたくしは、拝受者に対してつぎのように指導している。

「守護神をいただいたからといって、突然、大金を儲けるとか、仕事で大成功をするとか、そういうことを期待してはいけない。守護神の務めは、病気や災難に遭わずに、家族そろって円満平安に暮らせるようにすることを旨とする。禅宗でいう、いわゆる『日々是好日』という毎日を授けるのが、守護神の役目であって、大儲けするようなことは、かえって不幸の種になる。だから、そういうことはお願いしないで、日々の暮しを守ってくださることをひたすらお願いするように。そうすれば、守護神は安全に、安楽に、楽しく暮らせるようお守りくださるわけである。

突然、仕事が成功したり、大金持ちになったりすると、ろくなことがない。必ずその反動が来て、不幸せになることは間違いない。だから、僥倖《ぎょうこう》を頼んではいけない。一家そろって明るく楽しく、病気をせず、けが、過ちのない、そういう豊かで楽しい生活をお守りくださる守護神であるから、それをひたすら願って、一生懸命にお仕え申す。それが心がまえである」

守護霊より守護する力が強まった守護神である。守護霊がお授けくださる徳として紹介した「長者の十徳」などより、はるかに見劣りがするではないか。えー、なんだか守護神さんて、地味だなぁと落胆する向きもあるかも知れない。

だが、ちょっと、待っていただきたい。平凡だと切り捨てる前に、意気消沈する前に、この体験談を読んでいただきたいのだ。この一月からお社を授けはじめたが、これを拝受した方々は、すでに、毎朝、祝詞を上げ、神式の礼拝をしている。その一人が寄せてくださったものである。

## 生きる力を与えた声

京都地区　Y・Kさん

昨年の十二月からリューマチと肺気腫の治療のために入院していた母が、今年の一月二十六日に、病床でこんなことを言いました。

「あの声を聞いてから、病気の苦しみを忘れることができたの。それから、体が楽になってきたの」

母の耳元で母の名前を呼んだその声は、どこか森の中から聞こえてくるような、すき透った若い男性の声であったそうです。

母は、平成元年の入行以来、解脱供養や冥徳供養、特別祈願やお手配願、密教食などのサプリメントなど、仏さまと管長猊下のおかげにて命の危ないところを幾度も助けていただきました。特別祈願を申し込ませていただいた時などは、管長猊下がお付きの僧侶とともに、母の枕元までお越しくださったそうです。もちろん母の夢の中での出来事ですが、母は、現実にお会いしたように思えてならないと申しておりました。

このように、何度も仏さま、管長猊下に助けていただいておりましたが、長年にわたるリューマチと肺気腫との闘病生活は、母の体力を少しずつ奪ってゆきました。そのために母は、現在六十七歳ですが八十歳くらいに見えます。昨年十二月に入院して以来、とうとう病室のベッドから起き上がれなくなり、歩くこともできなくなってしまいました。肩で息をしている母の姿を見ながら、「寿命がきた……」と私は覚悟をしておりました。

そんな中、今年の一月十六日の冥徳祭で、主人が、ありがたくも管長猊下より守護神さまをいただきました。その四日後の一月二十日のことです。母は、自分の名前を呼ぶあの声を聞いたのです。

その声は、母に、「久子！」と、呼びかけたそうです。この世の人ではないような不思議なその声は、励ますかのように母の心深くに届き、母の心の持ち方は変わったのです。それまでは、「このまま死んでいくんだ。あの世へ行くんだ……」と、母の心は沈みきっていましたが、母に呼びかけてくださった不思議なお声は、母に病気であることを忘れさせ、生きる希望を与えたのでした。それは母にとって、あの世に行くのを引っぱり戻されたような感覚だったそうです。守護神さまが母の病室にまで来てくださったのでしょうか。そうであればありがたく、もったいないことでございます。私どものご先祖さまを守護神さまにしてくださった管長猊下に心より感謝申し上げます。

二月十一日の星まつり後に、主人と私が病室に行ったときには、母は楽しそうな表情で眠っておりました。安らかそのものでした。そして、目を覚ました母は、

「さっき、リハビリに行って歩いてきたの。たった五歩だけど」

と言うのです。

ベッドから起き上がれなくなっていた母の両足は、かなり細くなって、関節も痛んでいるというのに、歩くことができるまでに回復するとは、何と驚くべきことでしょう。一カ月前の一月の中旬までは、点滴のみで食事をとることもできなかった母が、星まつり後は、生きようとする気力が強くなりました。今では無理にでも、お粥を流し込んでいるそうです。

守護神さまの人智を超えたお力に、ただ驚くばかりでございます。このたびの奇蹟によりまして、私どもは家族と親族が一体となって協力することのありがたさを痛感させていただきました。

仏さま、管長猊下、心の底から感謝申し上げます。本当にありがとうございました。

この体験談を読まれて、どうお感じになったであろうか。

守護神が与えてくださる最も尊いもの、それは、生きる力なのである。生きる希望、どんなときでも前向きの精神でいることである。生きる意欲があればこそ、お金儲けもできようし、出世もできるのである。第一お金があっても、生きる気持ちがなければ、そのお金を使うことさえできないではないか。

## 幸せをまねく守護神

現代の若者をあらわす言葉の中に、「ニート」や「引きこもり」がある。働く目的がわからない、世間とのかかわりを拒絶した状態。個々人に尋ねれば、それ相応の事情や原因もあろうが、わたくしが思うに、一つには、生きる気力の衰えである。気力というと、ありがちな精神論ととられかねない。生命体としての力の衰えと言い換えたほうがいいだろう。

霊障の影響について、わたくしは、運気を損ない、生命力を弱らせると説いてきた。いまの現状を見ると、生命力を宿す本体そのものにまで、その強い影響が及んできていると思わざるを得ない。命の根が危ない。その危機感が、宗教家のわたくしに、より強い守護力を持った存在を求めさせ、半世紀に及ぶ行者としてのわたくしの自負が、守護神行法の完成を促したのである。

論理に厳しい現代人のこと、守護神が限りなく生きる力を与える、と言っても、誤魔化されない、と気色ばむ人もあろう。桐山さん、あんたは、守護霊より守護力を強くして守護神とした、と言ったではないかと。

事実なのである。守護力は強くなられている。

守護神は、とにかく守ってくださるのである。一生懸命お願いしてお祀りしていれば、文句なしに守ってくださるのである。はっきり言おう。あなたの徳いかんにかかわらず、あなたの修行の進度にかかわらず、守ってくださるのである。あなたの状況にもかかわらず、と言いたいところであるが、そこまでは言えない。やはり、信仰心の種、霊性の芽がない人には及ぼしようがない。

わたくしは、『守護霊を持て』以降、繰り返し説いてきた。

――先祖の霊といえども、とうてい守護などしてやる気の起きないような子孫もあるかも知れぬ。

――その人自身、悪因縁が強く、守護霊を持つだけの徳がなかったら、せっかくご供養して、りっぱな守護霊にしてあげて、その家にお祀りしても、守護霊は離れてしまうのである。

守護霊をいただいた子孫も、守護霊に見合った修行、徳分が求められるのである。それは、霊界の法則上、やむを得ないことでもあった。霊界と現象界（この世）とは密接につながっていて、霊界の状態はすぐに現象界に反映し、現象界のあり方は、ただちに霊界に通じるのである。次元が違うために、ふつう一般の人々にはわからないけれども、わたくしたちの世界と、霊的世界は共存しているのだ。

その点、守護神は、より多く、子孫に手を差し出してくださる存在といえる。そのため、より多くの方にお授けできるようになった。拝受者の門戸が広く開かれたのである。また、わたくしの霊力の増大に伴い、守護神を多くお授けすることができるようになった。

これから毎月、三十人ないし五十人の方にお社をお授けする予定である。期待して待っていてほしい。

守護神は、子孫の命の根、徳の根も、豊かに守り育ててくださるのである。あなたの真心、精進が、その結果、大きく花開き、実を結ぶのである。日々の過ごし方が、守護神の守護力のお働きを大きく左右するのである。それゆえに、あえて「僥倖を頼んではならない」と戒めたのである。

わたくしが、守護神のお働きを語るのに禅語の「日々是好日」を引いた理由は、もう一つある。

現代社会の状況である。地震、大津波、大雨などの天災、テロや環境破壊により忍び寄る社会的脅威、日常茶飯事になってしまった猟奇的事件。学校も電車の中も、街頭も、だれもが、いつ、どこで、死の脅威に直面させられてもおかしくない現代社会。そこで、「日々是好日」と掛け値なく言えることが、どれほど尊くたいへんなことか。たとえば、イランやイラクや中東、アフガニスタンに住む人々が、心から「日々是好日」と口にすることができるかどうか。考えていただきたい。

守護神が守ってくださる。

この一言に込められた重みを感じ取っていただければ幸いである。

わたくしは、以上のべたようなお働きをもって守護神と呼び、そのお霊を祀るお社をお授けしているのである。

一言、添えておくと、さきの体験談に出てくる発表者のご母堂は、信仰心篤い方であり、ご自身の因縁に力の限り立ち向かってこられた方である。しかしながら、人が持つ業は現世で積んだものばかりではない。残念ながら、この方の業は決して浅くなく、体力の衰えをわずかに押しとどめるのが精一杯であった。わたくしは座視するに忍びない思いであった。このたび、守護神授与で、生きる気力を得られたことを知り、嬉しく思っている。守護神がご母堂の命の根をみごとによみがえらせてくださったのである。誠に、守護神の子孫を思うや、深し、である。宗教家として、間に合ってよかった、としみじみ思う。

ご先祖の守護神に心から仕える行事であるから、心の中に幸福感が生じて、楽しくなるのは当たり前だと思う。お社を拝受した人は、必ず、幸運に恵まれて、子々孫々に至るまで栄えるだろう。わたくしは、そう確信し、そう願っている。

## 守護神をお祀りする心がまえ

守護神に関することは、口伝その他でもってお伝えしている。口伝として、奏上する祝詞《のりと》一巻をお授けするので、毎朝、この祝詞を上げて、家族一同並んで守護神をご供養申し上げてください。

守護神にお仕えするときには、真心でお仕えしなければならない。そして、

「どうか助けてください。どうか守ってください」

と一生懸命に念じるのである。

真心でお仕えすれば、守護神も力を惜しまれず、全力をもって皆さんを守ってくださる。助けてくださる。いや、助けなければならないような窮地に陥らないように、お導きくださるのだ。

「日々是好日」という言葉通り、子孫をそのような境涯にするのが守護神のお役目だ。欲ばったお願いはしなくても、素直で正直な心で一生懸命に努力すれば、あとは守護神がよい方向へ運んでくださる。守護神にお任せして、一生懸命に努力してほしい。そうすれば、必ず幸せになれる。どのような不幸も災難も、身近に寄ってこない。守護神をお祀りした家庭は、絶対に守られるのである。

わたくしは、確信を持ってそう断言できる。あとは真心しだいだ。守護神は必ず奇蹟的なお力をあらわして、守ってくださる。

それでは、この章の最後に、守護神行法についてのべよう。

## 秘伝・守護神行法

まず、守護神拝受希望者の先祖の霊《みたま》を、わたくしが霊視する。

徳あり、力ある祖霊を発見すると、まず、仏陀釈尊の成仏法をもって、祖霊の悪因縁を一切浄める。つぎに、チベット仏教の「お霊《みたま》遷し」の法をもって、霊格を高める。最後に、日本の古代神法をもって、神格を付与し、神号を授け、さらに神徳を高める。

この神を、守護神として性格づけ、お社《みやしろ》に祀《まつ》りこむ。一カ月間、拝んで、神力加持をして完成である。

希望者にお社を授ける。

希望者は、自宅の然るべき処を浄めて、神棚を設け、お社をお祀りする。

毎朝、家族一同、神前に整列・正座して、礼拝、供養を捧げる。
礼拝の式次第は、つぎの通りである。

まず、午前十時前までに礼拝を始める。
神前に家族一同整列。当主列前に正座。
先　二拝二拍手一拝
次　降神歌《かみくだりうた》（三唱）
「〇〇〇ー。〇〇〇〇〇〇〇〇〇〇〇　〇〇〇〇ー。〇〇大神　おりましませー」
次　祝詞《のりと》奏上。
次　願望奏上。（願い事ある場合、簡明に申し上げる）
次　送神歌《かみおくりうた》（三唱）

「〇〇〇〇ー。〇〇〇〇〇〇〇〇〇〇　〇〇大神もとつみくらに、かえりましませー」

（秘伝なるがゆえに秘す。口伝なり）

次　一拝

これにて行法完了。

守護神拝受後は、一家内に争い事禁物。

神に、口舌《くぜつ》（言い争い事、口げんか等）を聞かれると、神は不快に思って退散する。にこにこ円満専一に。

お供え物は、白米・塩・銘酒・生鮮（海のもの・山のもの）一式。

「祝詞《のりと》」（口伝として別に授ける）

第三章

# 死後の世界

守護神を語るとき、当然ながら霊界のことは欠くことができない。いや、霊界とわれわれの住む現象界は連動しているがゆえに、正しく理解することが重要である。仏陀釈尊は、輪廻転生の事実と、それから解脱する智慧の教えとその方法を、生涯をかけて説かれた。わたくしは、仏陀釈尊が、ご在世当時のインドで流布していた輪廻の思想を無条件で受け入れて修行を積まれたはずはないと思っている。聡明で合理的な仏陀のことである。まず、輪廻転生が事実かどうかを、ご自身で確かめられ、その事実に納得されたからこそ、輪廻からの解脱を必死に求められたのであろう。

その結果、その事実のあることを、その神通力ともいうべき超能力でとらえられたのだ。

つぎの文章は、マッジマ・ニカーヤ（中阿含経）という阿含経典において、仏陀釈尊ご自身によって、語られたものである。

そのときのわたし（釈尊）の心は、一点のけがれもなく、清く明るく、絶対不動であった。そしてわたしの心の眼はおのずから前世の光景に向けられていった。それは一生だけではなく、二生、三生、十生、二十生、そして無限の生涯の、生きかわり、死にかわりした光景が展開してきた。これが第一の智慧である。

それからわたしの心は、あらゆる衆生のすがたに向けられてきた。わたしは超人的な眼力でそのすがたを見た、そこには貴いもの、賤しいもの、美しいもの、醜いもの、幸福なもの、不幸なものの、それぞれの宿業が渦巻いていた。これが第二の智慧である。（玉城康四郎訳による）

わたくしも、仏陀釈尊の跡をたどり、自分なりの道を歩いてきた。いささか、気がひけるが、わたくしなりに観、触れ、感得した霊界について披瀝したい。賢人・聖者は多くを語らぬが常、その途上にあるわたくしが、少々多弁なのは、お目こぼしいただきたい。

## 霊魂とはなにか

生きている人間を幸せにすることは、宗教以外にも、できないことはないであろう。他の方法、手段でも、それは可能と思われる。

しかし、死んだ人間に永遠の安らぎを与えてこれを救済することは、宗教にしかできないことである。

人間は死んだらそのまま、絶対無として消滅してしまうものではなく、死後にも、なんらかのかたちで存在することがわかっている。そしてそれが、生きているわれわれに、さまざまな悪しき影響を与えることもわかっている。

さて、死後生存している存在とはなんであろうか。

人間には霊魂があるかどうか。これは大きな問題である。わたくしは、人間には霊魂があるということを確信している。しかし、霊魂などというものはないという主張をする唯物主義者も、たくさんいるのである。

わたくしは、霊魂が存在するなら、いったいどこにあるのだろうかと、いろいろ観察し、自分でも考えてみた。

それは心にある。心の働きは脳によって生ずる。だから、霊魂は脳にあるにちがいない。そう考えて、大脳生理学をひたすら勉強してみた。もちろん、わたくしは医学者ではないから、脳を解剖して調べてみるようなことはしない。しかし、大脳生理学のさまざまな研究は、書物によって追及したのである。その間、書物の中で、霊魂の存在を肯定する大脳生理学者はいなかった。

たとえば、解剖学者は、脳をいくら細かく解剖してみても、霊魂の存在を示すような痕跡は見当たらない。だから霊魂などというものはない、と言う。

ところが、大脳生理学の世界的権威ワイルダー・ペンフィールド博士の研究によると、どうも霊魂の存在は否定できない。霊魂はあるように思われる、というのが結論なのである。ペンフィールド博士は、『脳と心の正体』の中で、こう書いている。

人間は死後どうなるのか——それはおよそ物を考える人なら誰でもが問う疑問であるが、今のところ科学はそれに何も答えてくれない。しかし、心を活動させるエネルギーの本体が明らかにされたあかつきには、(私はそうなると信じている)、さらに進んで、科学者が人間の霊とは別の霊の本質を確かな根拠をもって研究できるようになる日が来るかもしれない。

そして、ペンフィールド博士は、いくつかの実験を繰り返した結果、このように結論づけたのである。

心は独立した存在であるという説にしたがうものである。それはまた、霊魂の不滅を肯定する所見とさえ言えるかもしれない！

わたくしは、ペンフィールド博士の勇気に心から敬服する。これほどの科学者が、霊魂の存在を信じ得ることを発見したと言っているのである。人は既存の領域で名声を博すれば博するほど、その領域から踏み出すことをしない。名声を落とすのを恐れるためである。まして、科学者が霊魂の存在を認めることをしたら自殺行為だ、と信じている人たちがほとんどなのが現状である。だから、彼らは口をつぐむ。わたくしは、ペンフィールド博士の業績に心から敬服の念を抱くものであるが、この勇気には、さらにいっそうの尊敬を捧げざるを得ない。

解剖学者が、解剖によって霊魂の痕跡を発見しようとするのは無理ないかもしれない。けれども、脳の中をいくら解剖して探しても、霊魂の痕跡が見当たらないから、霊魂はない、というのはいささか疑問である。

こういう道歌がある。道歌というのは、宗教的なこと、あるいは精神的なこと、哲学的なことなどを歌であらわしたものである。

年ごとに咲くや吉野の山桜
木を割りてみよ花のありかを

毎年、桜の花は爛漫《らんまん》と咲くけれども、その花が木のどこにあるのか、木を割って花のありかを探してみなさい。どこにも花のありかなどないんだ。けれども、毎年、春になると桜の花は咲くじゃないか、と。

この歌のとおりである。

「木を割りてみよ花のありかを」というのは、脳を解剖して霊魂のありかを探すのと同じことである。木を克明に解剖してみたところで、花のありかなどどこにもありはしない。けれども、断ち割ってみて、どこにも桜の花のありかがないから、桜の木に桜の花の咲く道理はないと言ってしまったら、それは馬鹿げている。

脳を解剖して隅々まで探しても、心のある場所はわからない。これが心だという場所はわからないだろう。

わたくしは、以前『間脳思考』の中で、人間の霊性の場は脳の中の間脳にある、と書いた。これは探しに探した結果、間脳にしか霊性の場はない。だから霊魂は間脳に宿る、と確信したからである。これは大発見であるけれども、わたくしは脳の専門家ではないから、黙殺された。素人がなにを言うかということであろう。

しかし、霊魂というものは、科学者には発見できるはずがないのである。これは、宗教家でなければわからない。霊感によって、直感によって、知るよりほかはない。メスを振るって、脳を克明に切り裂いてみたところで、これが心だ、これが霊魂だというようなものは、どこにも見当たらないだろう。それは、霊眼でなければわからない。

わたくしは霊眼を得ているから、脳をくまなく観察した結果、間脳に霊魂の存在する場所があるということを書いた。けれども、脳の専門家にはそれがわからない。彼らはわからないから黙っている。目のない人になまじ変なことを言ってもらっても困るから、黙っているのが賢明だ、わたくしはそう思う。

しかし、霊魂は確かに存在する。わたくしは、それを霊感で感じている。なければ感じるはずがない。あるから感ずるのである。霊魂は存在する。ペンフィールド博士のような世界的な大学者が、「心は独立した存在であるという説に従うものである。それはまた霊魂の不滅を肯定する所見とさえ言えるかもしれない」と結論しているのだ。

「心は独立した存在である」とするペンフィールド博士の研究をよく読んでみると、博士は、心（霊魂）はエネルギーだと言っているように、わたくしは思う。

博士はこうのべている。

心は最高位の脳機構からエネルギーを供給されると考えられる。とすれば、死後も存在するためには、心は脳以外のエネルギー源と結びつかなければならない。そうしなければ、脳と身体が死んで、塵に帰すのと同じように、心は肉体の死とともに永久に消え失せるはずである。

ところで、私達が生きていて脳と心が目覚めている間に、他の人の心あるいは神の心との間に時々直接的な交信が行われているとしたらどうだろう。この場合には、私達の外部に由来するエネルギーがじかに心に到達しうることは明らかであり、心が死後に脳以外のエネルギー源に目覚めることを期待するのも不合理ではない。

霊魂は一種のエネルギー的存在である。エネルギーというものは、解剖してこれがエネルギーだということは把握できないかもしれない。けれども、脳がエネルギーを出す構造体だということは言えるし、心のエネルギーは脳からだけではなく、脳以外のところからエネルギーを供給されているのだ。ペンフィールド博士はそう言っているように思われる。わたくしも、そう思うのである。だから、肉体がなくなっても、心は霊魂となって、他からのエネルギーを供給されて存在しているのである。

# 死後の世界

### 阿鼻野街道

では、人間の死後はどうなるのだろう。

チベットの『死者の書』なども参考にしながら、わたくしの霊視した結果をお話ししてみよう。

人間は、死んで意識がなくなるけれども、だいたい三十分ぐらいたつと意識が戻ってくる。自分が死んでいると気づかぬまま、ただぼやっと意識が戻る。すると、家族や知人が枕元に集まって、号泣したり、名前を呼んだりしている。その光景はわかる。感じられるのである。

そこで、その死者は声を出して、「おれは大丈夫だよ、おれはちゃんといるよ」と言うのだが、その声は届かない。全然、通じないのだ。だから、死者は非常に苦しむわけである。おれが死んだと思って、みんな泣いているけれども、おれは、なんともないよ、元気だよ、ということをしきりに伝えようとするのだが、それを伝えることができない。

いくら言っても通じないから、悲しくなって、外へ出てしまう。もう肉体を離れて霊体となっているから、身軽である。空中を流れるように、そおっと、すーっと出ていくのである。死者には、自分の行くべきところが、本能的にわかっている。こうしちゃいられない。おれは、あそこに行かなければならないんだ。それで、そこを目指して歩きはじめるのである。

どこに行くか。サイの広場というところである。表へ出ると、サイの広場へ通じる大きな広い道がずっと続いている。これを阿鼻野街道という。死人《しびと》街道、あるいは亡者街道ともいう。

その阿鼻野街道へ、亡者が全部集まってくる。日本人だけでなく、世界じゅうの死人が、みんなこの亡者街道へ集まってきて、それで、ぞろぞろ歩いている。どういうふうに歩いているかというと、だいたい三車線ぐらいの道幅いっぱいにずらっと並び、前の人の肩に手をかけて、列をなして歩いている。

阿鼻野街道の、阿鼻というのは阿鼻（無間）地獄のことである。苦の絶え間がないことを無間という。無間地獄では亡者は絶え間なく苦しみを受けつづける。

阿鼻叫喚という言葉がある。叫喚とは叫喚地獄のことで、ここでは亡者は熱湯や猛火を浴び、絶叫し泣き喚く。それで叫喚地獄と名づけられたのだ。

したがって阿鼻叫喚とは、すべての地獄の悲惨な苦しみを指す。それが転じて、災害などでこの世が地獄の様相を呈するさまも、阿鼻叫喚と言うようになった。つまり、阿鼻野街道とは地獄街道だと思えばよいであろう。

こうして街道を歩きながらまわりを見ると、みんな白い帷子《かたびら》を着て、額に三角の布を張って、死人独特の顔をしている。それが、おんおん泣いている。それを見ると、ああ、おれもとうとう死んでしまったか、どうも死んだらしいなということが、実感としてよくわかってくる。だから、悲しくなっておいおい泣きはじめる。

そして、悲しいだけではない。この阿鼻野街道は、行き先が冷寒地獄に通じているのである。その冷寒地獄から、零下二、三十度の冷たい風が、ひゅーっと吹いてくる。それが全身に当たる。着ているのが木綿の単《ひとえ》の帷子だから、寒いのなんの、もう身も心も凍えるように寒い。そこを、とぼとぼ、とぼとぼ歩いていくと、体じゅうが冷え切って、寒くて寒くてたまらない。

しかも、その道が平坦ではない。角石をずっと敷き詰めただけだから、痛いのなんの、鋭がった石の先に当たって足が切れてしまう。死んだ体だから出血はしないが、足の肉が切れてぱっくりあいて、大きな傷になっている。立ち止まろうとしても、後ろから押してくるから、止まるわけにはいかない。ほんとうならば、足は血だらけだ。そこへもってきて、寒い風が吹いてくるから、足が氷の棒のようになっている。それでも、後ろから押されるから、しかたなく、おいおい泣きながら歩いていく。

まわりを見ると死人ばかり。その死人の中に、テレビや新聞、雑誌で見た顔が時々見える。政界や財界の大物、有名な芸能人、そういう人たちが、同じように、おいおい泣きながら歩いている。

サイの広場に着くまで、十日ぐらいかかる。それまでこの道をずっと歩いていかねばならない。まさに阿鼻叫喚の光景である。

この阿鼻野街道の両側は、阿鼻野ケ原の原っぱで、一種の砂漠である。ところどころに、背の低い灌木がひょろひょろと生えている。そこに、冷たい風がひゅーっと吹くと砂煙がぱーっと立って、そのつらいこと、つらいこと。もう心の苦しさと体の苦しさで、どんな豪傑だって泣かないわけにはいかない。みんな、おいおい泣きながら歩いている。

すると、道の両側に忽然と小屋がけの屋台が出現する。赤い光や青い光のちょうちんをぶら下げた屋台が出ていて、焼き鳥やオデンを売っている。お酒も飲ませてくれる。

そうすると、そばに寄ってくるものがいる。なにかと思うと、「新入りか？」と聞いてくる。「ああ、死んだばっかりだ」と答えると、自分は指導霊だから、面倒を見てやると言う。

「くたびれただろうから、ちょっと休んでいきなさい」

と案内されたところが、大きな洞窟である。冷たい風がいくらか防げるから中に入ると、

「さあ、毛布があるから、体をくるんで、ここに寝なさい」

「はい、ありがとうございます」

地獄に仏とばかり喜んで、うとうとしたかと思うと、目がさめると豚になっていたり、犬になっていたりする。そんなところで引っかかると、犬や豚や鶏に転生してしまう。

『チベットの死者の書』（川崎信定訳）で、

「汝が動物として生まれる場合は、岩窟や洞穴や草庵が、露のかかっているようなありさまで見えるであろう。ここにも入ってはならない」

と説く通りである。

## サイの広場

しかし、そういう誘惑に引っかからずにどこまでも行くと、やがてサイの広場に出る。このサイの広場は、無限大の自在な空間で、亡者が多くなればなるほど膨張して原っぱが大きくなり、人数が少ないとそれにつれて縮小する。

サイの広場をよろめきながらさらにずっと行くと、一番端が断崖絶壁になっている。そして、谷底には、三途の川が流れている。この断崖絶壁の向こうに、冥界（冥土）がある。冥界でよい徳を積み、つぎに冥界の向こうに聳える高い山（霊界）をよじのぼって、ようやく仏界へ到達して成仏できるのである。死者のほんとうの世界は冥界であるから、冥界に行くと、そこに安らぎの場がある。いうならば、自分のために造られた墓がそこにあるのである。そこへ行くと、いくらでも安らいで眠ることができるのだ。

しかし、向こう岸に飛び越さないと冥界へ行けない。だから、みんなここに来て、飛び越そうとするのである。「そんなのわけないや。このくらいひとっ飛びだ」と言って飛び越そうとしても、どっこい、そうはいかない。世界記録の保持者といえども、この空間を飛び越すことはできない。体が重くなっている。それは悪い業のせいなのだ。悪いことをしている人間には、体におもりがついている。不徳の数だけおもりがついている。だから、力いっぱい跳躍しても、飛び越せないで落ちてしまう。

三途の川（三瀬川）は、三つの瀬（流れ）を持つ急流で、一番手前の瀬は地獄界へ、そのつぎが餓鬼界へ、そのつぎが畜生界へと流れ込んでいる。業の深い人間は、思いっきり跳躍しても真下に落下し、地獄へ直行するのである。

中には、悟り澄ました坊さんがいて、「なに、このくらい、わしは悟って身が軽くなっているから、飛び越せる」と言ってぱーんと飛び上がる。すると、空（くう）の悟りを得ているから、軽いのでいくらでも高く飛び上がることはできるのだが、前へ進むことができない。ただ、ぱーんと高く上がっていくだけで、風に押し戻されて、またこっちに戻ってきてしまう。どうしても飛び越すことができない。

この老僧は、自分が極楽に行って楽をしよう、自分だけが助かりたいという気持ちで、座禅を重ね、一生懸命悟りを開こうとしてきた。そして、首尾よく悟りを開く。けれども悟りを分け与えて人を救ったということがない。だから徳がない。徳が飛び越すための推進力なのだ。人を救った徳の力がないと前に進めないから、風に吹き戻されて、もとへ戻ってしまう。なにくそと思って、また、ぱーんと飛ぶのだが、またもとへ。何回繰り返してもだめだから、しまいには、この老僧は恥ずかしくなって、こそこそどこかへ行ってしまった。

要するに、悪業を積んだ者は、身にその分重みが加わって、飛び越すことができないのである。いろいろ苦労して悟りを開いても、自分だけ助かりたいという、その業のために、飛び越える推進力がない。前へ進むことができない。

逃げていった老僧は、時々出てきては、いまでも飛んでいる。しかし、いくら飛んでも無駄である。三途の川に落ちないだけ儲けものなのだ。地獄行きは免れても冥界にはどうしても行けないのである。

そういう連中が、このサイの広場にはごろごろいる。死人であるからだんだん肉が落ちて、白い骨が見えてくる。そういう半分白骨化した人間が、そこらじゅうにごろごろいる。これはみんな、飛び越えることをあきらめて、寝ているのだ。なにをする元気もないから、じっと寝ている。

けれども、年に一回、この絶壁の下から津波のようにざーっと波が上がってきて、そういう連中をさーっと地獄にさらっていく。飛び越えようという勇気もなければ、自信もないから、結局そういう状態になる。

中には、お金持ちの奥さんがいて、半分骨もあらわになっている体に毛皮のコートを着て、手には、十本の指に十個のダイヤモンドの指輪をはめて、しゃなりしゃなりと歩いてくる。

そこに老婆がいて、「そんなコートなんか着ていると、この三途の川は飛び越えられないよ。裸になって行きなさい。指輪も全部置いていきなさい」と言って、身ぐるみ取り上げてしまう。これを奪衣婆《だつえば》という。

昔から奪衣婆は鬼婆だと言い伝えられているが、それは間違いである。奪衣婆は観世音菩薩の化身なのだ。毛皮の外套、指輪などという、娑婆の執着や欲、煩悩にまみれた物を着けたままでは、三途の川は跳び越せない。奪衣婆は、一切の煩悩を捨て去り、身一つになって冥界へ旅立ちなさい、と教えてくれているのだ。奪衣婆は観世音菩薩の慈悲心のあらわれなのに、欲だらけの亡者には怖い鬼婆に映ってしまうわけである。

それでもここへきて、「私の財産はこの毛皮のコートしかないんだから、これを脱ぐわけにはいかない」と、コートをかたく身につけて、それで飛び越せずに落っこちて地獄へ流されていってしまう。これが人間の哀れさである。

そして、何百人に一人というような割で、首尾よく冥界へ飛び越すことができると、そこでようやく自分のお墓が現れる。そして、そのお墓に入って安らかに眠ることができる。また、冥界へ行くと、子孫や身寄りの者がお供物として上げたご飯やお水やお菓子や果物などが目の前に現れる。

冥界へ行かないと、いくら身内の者がお供物を上げても届かない。目の前に出てこない。だんだん腹を減らして、それこそ餓鬼地獄の状態になる。のどが渇いても、水は飲めない。腹が減っても食べられない。肉体がないのだから、腹が減るわけがないのだが、習慣的・感覚的にそう感じる。だから、お腹がすいて、お腹がすいて、餓鬼になってそこらじゅう食べ物をあさって歩く。いわゆる餓鬼の浮浪霊になるのである。

一方、業の重さに引かれて、三途の川へ落ちてしまった亡者は、激流に流されて地獄へ運ばれる。そこには、閻魔大王がいて、亡者を裁判にかける。

「おまえは人を泣かせたことがあるだろう」

「いえ、ありません」

すると、

「うそをつけ」

と言って、大きな鏡の前に立たされる。その鏡はいわばモニターになっており、そこに、自分のやってきたことが全部映し出されるので、もうしようがない。

「恐れ入りました。どうか罪をお許しください」

「罪を償ってからだ」

ということで、そこから地獄の責め苦が始まるのである。

まず、等活地獄である。ここは、地獄の鬼がいて、大きな刺身包丁で体を三枚におろしてしまう。そしてそのおろした肉を大きな鉄梃《かなてこ》でどすんどすんと叩いて、平らなせんべいのようにしてしまう。それで、くるくるとだんごのように丸めてばしゃんばしゃんと叩きつけ、最後は足で踏んづけて、もう踏んだりけったりという目に遭わされる。

ところが、そういう目に遭っても、しばらくすると生き返るのである。生き返って感覚がもとに戻る。もとの亡者になる。等活というのは等しく活きると書くのだが、さんざんひどい目に遭って、切り刻まれた挙句に、みんな等しく生き返るのである。生きていたときと同じ生身の体に戻ったところでまた切り刻まれて、だんごのように丸められる。それを繰り返す。何回も何回も。死ぬということができない。だから、苦しみが永遠に続くのだ。

そこをようやく出ると、今度は冷寒地獄である。もうほんとうに身も凍えるような場所で、何日間も、飲まず食わずで震えていなきゃならない。

そのつぎに、今度は冷寒地獄と反対の炎熱地獄。燃え盛る炎にさらされて、体じゅうから脂を流して苦しむ。

そのつぎは針の山地獄へ追いやられるというように、地獄の苦しみが延々と続く。そして、その挙句、ほうほうの体《てい》でようやく冥界へ到着すると、自分の墓がそこに現れる。自分の名前が書いてあるから、その墓へ入って、ようやくほっと息をつく。そこで初めて、身内の者のご供養を受けることができるのだ。

けれども、冥界の苦しみは苦しみで、また起きてくるのである。

これが、わたくしの霊眼に映った、わたくしたちが死後おもむくところの世界の実相である。微に入り、細に入り、脚色の度合いが強いと感じられた読者もおありだろうが、これでも、穏やかな表現にとどめたつもりである。わたくしの霊魂観は、こうした霊的世界に日常的に接する中で形成されたものであることを、つけ加えておく。

## 冥徳霊場

死んだ後も苦しみは続く。死んだから、すぐそのまま楽になるというわけにはいかない。阿鼻野ケ原を通り抜け、三途の川を飛び越えて、もう死んでいるのだが、文字通り死に物狂いでようやく冥界へたどり着く。みな、死後のことを考えていないが、死後は一つの人生としてある。死後の救いがなかったら、救いは完璧ではないのである。そのことを考えて、わたくしは冥徳霊場をつくった。

冥徳霊場とは、徳のある墳墓という意味である。なぜ、徳があるのか。冥徳霊場は、仏陀釈尊の成仏法をもって建立し、仏陀釈尊の成仏法をもって供養する。仏陀釈尊の成仏法とご縁をいただく。これほど徳のあるご縁はない。それゆえに、冥徳霊場というのである。

この冥徳霊場へ入ると、阿鼻野街道や阿鼻野ケ原やサイの広場を通ることなく、三途の川をさっと飛び越えて、一直線で冥界に行くことができる。冥徳霊場がすっとそのまま、冥界のお墓になるからだ。だから、この冥徳霊場に葬られると、冥界へ直行することができる。冥徳霊場がそのまま冥界のお墓になるのである。

この冥徳霊場は、最初は廃絶家のお霊《みたま》を入れる場所として考えていた。廃絶家というのは、子孫が絶えてしまって、お霊を供養する人がいない、あるいは、廃絶家でなくとも、子孫がいてもその子孫が役に立たず、先祖の供養を全然しないで、そのままほうりっぱなしにされている、そういった家を指す。これが案外と多い。絶家した家、絶家した家系の人は、これは強い霊障を受ける。あとを弔う家族がいないと、その家は絶家して、みな浮浪霊になってしまうのである。

死者は冥界へ行って初めて、そこで家族の供養を受けることができる。家族のお供えするご飯やお菓子や果物やお水などを、初めて口にすることができるのだ。それまでは、飲まず食わずの状態でいる。それこそ餓鬼界の苦しみと同じものを味わって、ようやく冥界へたどり着いて、その死者に与えられたお墓が現れ、やっと安住の地を得る。

そのお墓は、娑婆世界でつくったお墓である。そこで初めて、そのお墓に入って、安住の地を得て、死者は安らぎの死を得る。それまでは安らぎの場がない。

腰を下ろして休むことができない。水一杯飲むことができない。眠れない。

冥界、冥土というのは非常に貴重なものである。いくら子孫が心を込めてご飯を供え、いろいろお菓子や果物、お水などをお供えしても、冥界へ行かなければそれは届かない。娑婆世界と冥界との間に厚い壁があって、それを通り抜けることができないからだ。死者が冥界へ行って、自分のお墓に入って、やれやれと腰をおろしたときに初めて、いろいろなご供物が届く。目の前に現れる。それを口にして、死者はゆっくりと安らぎの眠りに入る。そのからくりがわからないから、死んだものが苦労するのである。

だから生きているうちにそのことを家族のものによく言って聞かせて、おれが死んでからも苦労しないようにしてほしいと頼んでおく。

なお、このたび設置した冥徳霊場は、最初は廃絶家のお霊を入れる場所として考えたが、廃絶家のお霊だけでなく、自分自身の家系が廃絶するおそれがある人たちのことも考えなければならないことに気づいた。自分が死んだ後、ろくに供養もされない、ほったらかしの家が出てくるかも知れない。自分の子どもがちゃんと供養してくれればいいが、供養してくれなかったら悲惨である。廃絶家と同じである。お墓はあるものの、いつまでたってもお供物が現れない。食べるものもないし、飲むものもない。お墓は結構だけれども、食べることも飲むことも一切できないという、ひどい状態におかれてしまう。

そういう心配がある人は、この冥徳霊場へ入ればよい。子孫に代わって阿含宗がちゃんとご供養し、しかも廃絶家のお霊を全部お入れして救ってさしあげるから、その霊障を受けることもないのである。

冥徳霊場建立で、わたくしの求めてきた供養体系は、ほぼ整ったといえる。

仏道の道に入って、霊障の存在を知り、その解決法を求める過程で、成仏法を体得し、解脱供養を行なうようになった。これは、施主から家系を三、四代遡ったあたりである。その体験の中から、霊障という強い悪い影響を与えるとまではいかないが、成仏できずに苦しむ霊の存在を知る。これは、施主から遡って七、八代から、十代あたりまでで、それ以上になると集合体となり、「業」としか呼びようのない存在となっている。強い霊障は発していないが、成仏できずに苦しんでいる多数の不成仏霊を供養するために、冥徳供養を始めた。直系・傍系を含めた家系の浄化である。

しかし、その冥徳供養でも及ばぬ領域があった。それが廃絶家のお霊である。解脱供養、冥徳供養、ともに、縁をよすがにしてのご供養である。廃絶家を対象とした供養は、同列にはできなかった。相談を受けるたびに、なんとかしなければの思いは深まった。

このたびの冥徳霊場建立で、廃絶家を供養したい方の菩提心に応え、また、ご供養を待ち望まれていたお霊に、光明を射しかけることができ、肩の荷を降ろせた感がなきにしもあらずである。

三十代遡れば、先祖は十億と安岡正篤先生はおっしゃったが、近ごろ目にした本では、ある人物とある人物との共通の先祖は、どれくらい遡ればいいか、というと、約二百年前とのことである。だいたい七代前ほど、遡れば、共通の先祖を持つことになろうか。

廃絶家のご供養を申し込まれれば、いずれ、無縁として忘れ去られていたお霊にも仏法の光が届くのではないかと思うのである。同時に、死後の供養に不安のある方も、この冥徳霊場で受け入れる。

過去に向かっては、願わくば、三界万霊に供養が届き、未来に向かっては、廃絶家が出ることを止めたいと思うものである。

わたくしたちは霊的な存在を決して粗末に扱ったり、無関心であってはならない。霊的な存在がわたくしたちにたいへんな影響を与えているのである。

霊魂はないなどということはない。人は死んだら無になるということもあり得ない。生きているときに高く強いエネルギーを発揮した人間が、死んでそのまま無になるということはあり得ない。やはり高い強いエネルギーを発揮しながら、われわれの周囲に生きているのである。

この霊魂の世界を、わたくしたちは正しく理解して、生活の中に取り入れていかなければならない。それが、安定した幸せな生活を送ることのできる大切な要素なのである。

これが宗教家としてのわたくしの理念であり、これを広く社会に伝え、また、皆さんに伝えることが、宗教家としてのわたくしの強い重い責任であると感じている。

# おわりに

すぐれた祖先の霊を神として祀《まつ》って家の守護神とするということは、二十一世紀の日本人の新しい型式の宗教であり、信仰であると思う。

祖霊を神として祀るということは、こと新しいことではない。それは、日本人の元型《アーキタイプ》であり、精神の支柱であると思うのだ。

畏れ多いことながら、皇室がお手本である。

天照大神を伊勢神宮にお祀りして、国家の安寧と国民の安穏・平和を祈る。かくあればこそ、日本は万世一系の皇統を維持し、極東の小国ながら現在の繁栄を見るのだと思う。家庭に神棚が消えて以来、日本人はしだいに霊性と安定を失ってきたように思えてならないのである。

先日、石原慎太郎都知事が、近ごろの若者たちの堕落《だらく》を悲憤慷慨《ひふんこうがい》している文章を読んで（二〇〇五年一月三日　産経新聞）わたくしも同感の至りであるが、いくら悲憤慷慨しても、この連中には全然通じないと思うのである。若者たちの堕落《だらく》を歎《なげ》く前に、親たちのダラシなさを憤らねばならぬと思うのである。親たちからして姿勢を正さねばならぬと思うのだ。

この守護神礼拝の行事は、家族一同、そろって神前に正座し、当主の祝詞奏上とともに虚心に祈りを捧げるという精神生活により、自然に霊性を感得するのではないかと思うのである。もしそうであるならば、これが一番、この守護神さまのご利益ではなかろうかと思うのだ。

いまから二十四年前、一九八一年に刊行した『一九九九年カルマと霊障からの脱出』という本の「あとがき」で、わたくしはこう書いている。

わたくしは、あと三〇年間――つまり、二〇一〇年まで地球に破滅な出来ごとが起こらなければ、人類はそのあとかなり永い間、平和と繁栄をたのしむことができるであろうと考えている。この三〇年間が、いうならば人類にとって一つの正念場《しょうねんば》である。この三〇年を無事に越えられるかどうか、人類の未来はここにかかっていると思うのである。

しかし、わたくしは、この三〇年のうちの、あとの一〇年に、人類の限界を見るのである。この一〇年に、人類のカルマの極限を感ずるのである。

あと三〇年、無事にすめば、人類の科学と技術、そして智慧は、人類のかかえる当面のさまざまな問題を、一応、解決することができるであろう。エネルギー問題も、食糧問題も、公害の問題も、民族間の問題も、なんとかなるであろう。人類が絶滅するような大戦争も回避できるであろう。自然の災害も、全地球的な規模で起きる災厄はべつとして、最小限度に被害をとどめることができるようになるであろう。しかし、この三〇年間のあとの一〇年に、わたくしは、人類の持つカルマ、地球の持つカルマの極限を感じてならないのである。

そして、同じ本の第Ⅳ章の「なぜ、サヘート・マヘートへ行かねばならぬのか」で、つぎのようにのべている。

あのときわたくしがつかみかけていたのは、まさに終末の危機に直面した未来世界の情景だったのだ。空が真っ赤に燃えていた。その空の下で、何十階、何百階と思われる高層のビルが、重なって陽炎《かげろう》のように揺れていた。一瞬、それが目に映ったのである。そしてすぐに、高熱にあったフィルムが融けるようにメラメラと消えていった。同時にすさまじい戦慄と恐怖が襲ってきたのだった。

そして、いま――、この文章は、まさしく未来社会の預言だったと思われるのである。

わたくしは、この文章中、「この三〇年のうちの、あと一〇年に、人類の限界を見るのである」と言っている。

この、「あと一〇年」とは、まさしくいま、二〇〇一年から二〇一〇年を指しているのである。すなわち、それは「現在の一〇年」なのだ。そしてその現在の一〇年の、始まりの一年目に、9・11のニューヨークの悲劇が起きたのではないか。

あの日の貿易センタービルの衝撃の風景はまさしく「空が真っ赤に燃えていた。

その空の下で、何十階、何百階と思われる高層のビルが重なって、陽炎のように揺れていた。――そしてすぐに、高熱にあったフィルムが融けるようにメラメラと消えていった――」その風景そのものを目にしていたのである。テレビであの貿易センタービルの風景を見るたびわたくしは「あ、これをわたしは見たのだ。まさしくこの風景だ」とわたくしの心が呟いている。繰り返し呟いている。あるいは、それは、そのもっとあとに続いて起きる破壊の風景を見ていたのであろうか？　忌まわしいことだが、その可能性もないことではないのだ。それをわたくしは心の底から怖れているのである。心の底からおびえているのだ。

この破壊を、日本で起こさせてはならない。東京での犠牲を絶対に防がなければならない。その思いが、このたびの守護神のお授けになったのである。

守護神の守りは、まず第一に、テロリストからの守護である。それをわたくしは、心の底から祈念して、守護神をお授けしている。

それが、ニューヨークの破壊を予見している者の責務であり、あの惨事を予見させられたわたくしにはその力が授けられているのだと確信して、わたくしはこれを行なうのである。

日本よ、安全であれ。
日本の全家庭よ、安全であれ。

とわたくしは心から祈念して、この神事を行なうのである。

二〇〇五年三月三日
京の宿にて
桐山靖雄

此の宿は老木多し冬日射し

## 補遺

一旦、筆を措いたが、なぜか、気が進まぬうちに日が経ってしまった。

あとがきを書き終えて一カ月後の四月三日払暁、ローマ法王ヨハネ・パウロ二世逝去との報に接した。

二十一年前、特別謁見の間で拝謁賜ったことが思い出された。

法王聖下とわたくしとは、生まれ年が同じである。そして、そのとき、預言者ヨハネの呼ばわる声をわたくしは聞いた。その声はいまもわたくしを呼ぶ。仏陀釈尊のバイブレーションとともに、速隼雄大神の神気とともに、わが中にあって、鳴動共振し続ける。

わが道はいずこへ――。

ローマ法王ヨハネ・パウロ二世聖下に心から哀悼の意を表します。

二〇〇五年四月五日

● 桐山靖雄（きりやま・せいゆう）

阿含宗管長、中国・国立北京大学名誉教授、中国・国立北京外国語大学名誉教授、中国・国立中山大学名誉教授、中国・国立佛学院（仏教大学）名誉教授、モンゴル国立大学学術名誉教授・名誉哲学博士、モンゴル科学アカデミー名誉哲学博士、チベット仏教ニンマ派仏教大学名誉学長・客員教授、タイ王国・国立タマサート大学ジャーナリズム・マスコミュニケーション学名誉博士、サンフランシスコ大学終身名誉理事、ロンドン大学ＳＯＡＳ名誉フェロー、スリランカ仏教シャム派名誉大僧正、チベット仏教界・ミャンマー仏教界から最高の僧位・法号を授与、ブータン仏教界から法脈相承・秘法皆伝　法号「ンガワン・ゲルツェン（王者の説法をする仏法守護者）」授与、中国国際気功研究中心会長（北京）、ダッチ・トゥリートクラブ名誉会員（ニューヨーク）、日本棋院名誉九段、中国棋院名誉副主席。

**主たる著書**『密教・超能力の秘密』『密教・超能力のカリキュラム』『密教占星術Ⅰ・Ⅱ』『説法六十心１・２』『チャンネルをまわせ』『密教誕生』『人間改造の原理と方法』『阿含密教いま』『守護霊を持て』『続・守護霊を持て』『龍神が翔ぶ』『霊障を解く』『一九九九年カルマと霊障からの脱出』『輪廻する葦』『間脳思考』『心のしおり』『愛のために智恵を智恵のために愛を』『末世成仏本尊経講義』『守護霊の系譜』『一九九九年地球壊滅』『守護仏の奇蹟』『求聞持聡明法秘伝』『さあ、やるぞかならず勝つ①〜⑫』『仏陀の法』『守護霊が持てる冥徳供養』『密教占星術入門』『人は輪廻転生するか』『君は誰れの輪廻転生か』『般若心経瞑想法』『一九九九年七の月が来る』『オウム真理教と阿含宗』『阿含仏教・超能力の秘密』『脳と心の革命瞑想』『阿含仏教・超奇蹟の秘密』『社会科学としての阿含仏教』『「止観」の源流としての阿含仏教』『一九九九年七の月よ、さらば』『21世紀は智慧の時代』『21$^{st}$ Century: The Age of Sophia』『You Have Been Here Before:Reincarnation』『ニューヨークより世界に向けて発信す』『THE WISDOM OF THE GOMA FIRE CEREMONY』『The Marvel of Spiritual Transformation』『実践般若心経瞑想法』『変身の原理』『幸福への原理』『守護神を持て』『仏陀の真実の教えを説く上・中』『あなたの人生をナビゲーション』『輪廻転生瞑想法Ⅰ・Ⅱ・Ⅲ』『実践輪廻転生瞑想法Ⅰ・Ⅱ』（以上平河出版社）、『アラディンの魔法のランプ』（阿含宗出版社）、『念力』『超脳思考をめざせ』（徳間書店）、『密教入門—求聞持聡明法の秘密』（角川選書）など。

**連絡先** ● 阿含宗に関するご質問・お問い合わせは左記まで

阿含宗本山・釈迦山大菩提寺　京都市山科区北花山大峰町
関東別院　〒108-8318　東京都港区三田四―一四―一五……TEL（〇三）三七六九―一九三一
関西総本部　〒605-0031　京都市東山区三条通り神宮道上ル……TEL（〇七五）七六一―一一四一
北海道本部　〒004-0053　札幌市厚別区厚別中央三条三丁目……TEL（〇一一）八九二―九八九一
東北本部　〒984-0051　仙台市若林区新寺一―三―一……TEL（〇二二）二九九―五五七一
東海本部　〒460-0017　名古屋市中区松原三―一三―二五……TEL（〇五二）三二四―五五五〇
北陸本部　〒920-0902　金沢市尾張町二―一一―二二……TEL（〇七六）二二四―二六六六
九州本部　〒812-0041　福岡市博多区吉塚五―六―三五……TEL（〇九二）六一一―六九〇一
大阪道場　〒531-0072　大阪市北区豊崎三―九―七いずみビル一階……TEL（〇六）六三七六―二七二五
神戸道場　〒651-0084　神戸市中央区磯辺通り二―一―一二……TEL（〇七八）二三一―五一五二
広島道場　〒733-0002　広島市西区楠木町一―一三―二六……TEL（〇八二）二九三―一六〇〇
横浜道場　〒231-0012　横浜市中区相生町四―七五JTB・YN馬車道ビル五階・六階…TEL（〇四五）六五〇―二〇五一
沖縄道場　〒900-0031　那覇市若狭一―一〇―九……TEL（〇九八）八六三―八七四三

●インターネットで阿含宗を紹介……阿含宗ホームページ　http://www.agon.org/

守護神を持て　みんなの幸せのために

二〇〇五年四月二十五日　第一版第一刷発行　　二〇一五年五月二十日　第一版第十刷発行

著　者……桐山靖雄


発行者……森真智子
発行所……株式会社平河出版社
〒108-0073　東京都港区三田三―四―八
電話〇三(三四五四)四八八五　FAX〇三(五四八四)一六六〇
振替〇〇一一〇―四―一一七三二四
装　幀……島津義晴＋島津デザイン事務所
印刷所……凸版印刷株式会社
用紙店……中庄株式会社


ISBN978-4-89203-329-2 C0015
http://www.hirakawa-shuppan.co.jp